Crônicas de Além-túmulo

FRANCISCO CÂNDIDO XAVIER

Crônicas de Além-túmulo

Pelo Espírito
Humberto de Campos

Copyright © 1937 by
FEDERAÇÃO ESPÍRITA BRASILEIRA – FEB

17ª edição – 11ª impressão – 1 mil exemplares – 10/2024

ISBN 978-85-7328-817-9

Todos os direitos reservados. Nenhuma parte desta publicação pode ser reproduzida, armazenada ou transmitida, total ou parcialmente, por quaisquer métodos ou processos, sem autorização do detentor do *copyright*.

FEDERAÇÃO ESPÍRITA BRASILEIRA – FEB
SGAN 603 – Conjunto F – Avenida L2 Norte
70830-106 – Brasília (DF) – Brasil
www.febeditora.com.br
editorial@febnet.org.br
+55 61 2101 6161

Pedidos de livros à FEB
Comercial
Tel.: (61) 2101 6161 – comercial@febnet.org.br

Adquirindo esta obra, você está colaborando com as ações de assistência e promoção social da FEB e com o Movimento Espírita na divulgação do Evangelho de Jesus à luz do Espiritismo.

Dados Internacionais de Catalogação na Publicação (CIP)
(Federação Espírita Brasileira – Biblioteca de Obras Raras)

C198c   Campos, Humberto de (Espírito)

       Crônicas de Além-túmulo / pelo Espírito Humberto de Campos; [psicografado por] Francisco Cândido Xavier. – 17. ed. – 11. imp. – Brasília: FEB, 2024.

       216 p.; 21 cm – (Coleção Humberto de Campos / Irmão X)

       Inclui índice geral

       ISBN 978-85-7328-817-9

       1. Literatura espírita. 2. Obras psicografadas. I. Xavier, Francisco Cândido, 1910–2002. II. Federação Espírita Brasileira. III. Título. IV. Coleção.

CDD 133.93
CDU 133.7
CDE 80.01.00

Sumário

Ao leitor 7
1 De um casarão do outro mundo 11
2 Carta aos que ficaram 17
3 Aos meus filhos 23
4 Na mansão dos mortos 27
5 Judas Iscariotes 33
6 Aos que ainda se acham mergulhados nas sombras do mundo 39
7 A suave compensação 45
8 Do Além-túmulo 49
9 Oh! Jerusalém!... Jerusalém!... 53
10 Falando a Piratininga 57
11 Coração de mãe 61
12 O *tête-à-tête* das sombras 65
13 No Dia da Pátria 71
14 Um cético 75

15	A ordem do Mestre	81
16	A passagem de Richet	87
17	Hauptmann	93
18	A casa de Ismael	99
19	Carta a Maria Lacerda de Moura	105
20	Pedro, o apóstolo	111
21	O grande missionário	115
22	A lenda das lágrimas	121
23	Carta aberta ao Sr. Prefeito do Rio de Janeiro	127
24	A paz e a verdade	133
25	Sócrates	139
26	Escrevendo a Jesus	145
27	A maior mensagem	149
28	Respondendo a uma carta	155
29	Tiradentes	159
30	O problema da longevidade	165
31	O elogio do operário	171
32	Aniversário do Brasil	175
33	Uma venerável instituição	179
34	Carta a minha mãe	185
35	Trago-lhe o meu adeus sem prometer voltar breve	191
	Em fraternal saudação a Humberto de Campos	195
	Índice geral	201

Ao leitor

Por enquanto, poucos intelectuais, na Terra, são suscetíveis de considerar a possibilidade de escreverem um livro, depois de "mortos". Eu mesmo, em toda a bagagem de minha produção literária no mundo, nunca deixei transparecer qualquer laivo de crença nesse sentido. Apegando-me ao resignado materialismo dos meus últimos tempos, desalentado em face dos problemas transcendentes do além-túmulo, não tive coragem de enfrentá--los, como, um dia, fizeram Medeiros e Albuquerque[1] e Coelho Neto,[2] receoso do fracasso de que deram testemunho, como marinheiros inquietos e imprudentes, regressando ao porto árido dos preconceitos humanos, mal se haviam feito de vela ao grande oceano das expressões fenomênicas da Doutrina, no qual os espíritas sinceros, desassombrados e incompreendidos, são aqueles arrojados e rudes navegadores da Escola de Sagres que, à força de sacrifícios e abnegações, acabaram suas atividades descobrindo

---

[1] N.E.: José Joaquim de Campos da Costa de Medeiros e Albuquerque (1867-1934), membro da Academia Brasileira de Letras e autor da letra do Hino da República.

[2] N.E.: Henrique Maximiano Coelho Neto (1864-1934), membro da Academia Brasileira de Letras e político.

um novo continente para o mundo, dilatando as suas esperanças e santificando os seus trabalhos.

Dentro da sinceridade que me caracterizava, não perdi ensejos para afirmar as minhas dúvidas, expressando mesmo a minha descrença acerca da sobrevivência espiritual, desacoroçoado de qualquer possibilidade de viver além dos meus ossos e das minhas células doentes...

É verdade que os assuntos de Espiritismo seduziam a minha imaginação, com a perspectiva de um mundo melhor do que esse, em que todos os sonhos das criaturas caminham para a morte; sua literatura fascinava o meu pensamento com o magnetismo suave da esperança, mas a fé não conseguia florescer no meu coração de homem triste, sepultado nas experiências difíceis e dolorosas. Os livros da Doutrina eram para o meu Espírito como soberbos poemas de um idealismo superior do mundo subjetivo, sem qualquer feição de realidade prática, na qual eu afundava as minhas faculdades de análise nas ficções encantadoras; suas promessas e sua mística de consolos eram o brando anestésico que conseguira aliviar muitos corações infortunados e doloridos, mas o meu era já inacessível à atuação do sedativo maravilhoso, e o pior enfermo é sempre aquele que já experimentou a ação de todos os específicos conhecidos.

Em 1932, um dos meus companheiros da Academia de Letras solicitou minha atenção para o texto do Parnaso de além--túmulo. As rimas do outro mundo enfileiravam-se com a sua pureza originária nessa antologia dos mortos, por meio da mediunidade de Francisco Cândido Xavier, o caixeiro humilde de Pedro Leopoldo (MG), impressionando os conhecedores das expressões estilísticas da língua portuguesa. Por minha vez, procurei ouvir a palavra de Augusto de Lima,[3] a respeito do fato insólito, mas o grande amigo se esquivou ao assunto, afirmando:

---

[3] N.E.: Antônio Augusto de Lima (1859–1934), membro da Academia Brasileira de Letras e político.

"Certamente, entre as novidades da minha terra, Pedro Leopoldo concorre com um novo barão de Münchausen".

A verdade, porém, é que pude atravessar as águas pesadas e escuras do Aqueronte e voltar do mundo das sombras, testemunhando a grande e consoladora verdade. É incontestável que nem todos me puderam receber, segundo as realidades da sobrevivência. A visita de um "morto", na maioria das hipóteses, constitui sempre um fato inconveniente e desagradável. Para os vivos, que pautam a existência pelo pentagrama das convenções sociais, o morto com as suas verdades será invariavelmente um fantasma importuno, e temos de acomodar os imperativos da lógica às concepções do tempo em que se vive.

Feitas essas considerações, eis-me diante do leitor, com um livro de crônicas de além-túmulo.

Desta vez, não tenho necessidade de mandar os originais de minha produção literária a determinada casa editora, obedecendo a dispositivos contratuais, ressalvando-se a minha estima sincera pelo meu grande amigo José Olympio.[4] A lei já não cogita mais da minha existência, pois, do contrário, as atividades e os possíveis direitos dos mortos representariam séria ameaça à tranquilidade dos vivos.

Enquanto aí consumia o fosfato do cérebro para acudir aos imperativos do estômago, posso agora dar o volume sem retribuição monetária. O médium está satisfeito com a sua vida singela, dentro da pauta evangélica do "dai de graça o que de graça recebestes" e a Federação Espírita Brasileira, instituição venerável que o prefeito Pedro Ernesto reconheceu de utilidade pública, cuja livraria[5] vai imprimir o meu pensamento, é sobejamente

---

[4] N.E.: José Olympio Pereira Filho (1902–1990), editor e livreiro, foi o fundador da editora que leva seu nome, a Livraria José Olympio Editora, no Rio de Janeiro, em 1931; que hoje pertencente ao Grupo Editorial Record.

[5] N.E.: Este termo é aqui usado porque na época em que foi escrita a obra a livraria era autônoma, um departamento da editora, nela eram vendidos e impressos os livros.

conhecida no Rio de Janeiro, pelas suas respeitáveis finalidades sociais, pela sua assistência aos necessitados, pelo seu programa cristão, cheio de renúncias e abnegações santificadoras.

Aí está o livro com a minha lembrança humilde. Que ele possa receber a bênção de Deus, constituindo um conforto para os aflitos e para os tristes do microcosmo onde vivi sobre a Terra. Que não se precipitem em suas apreciações os que não me puderem compreender. A morte será a mesma para todos. A cada qual será reservado um bangalô subterrâneo e a sentença clara da justiça celeste. Quanto aos Espíritos superiores da crítica contemporânea, cristalizados nas concepções da época, que esperem pacientemente pelo juízo final, com as suas milagrosas revelações. Não serei eu quem lhes vá esclarecer o entendimento, contando quantos pares de meias usei em toda a vida, ou descobrindo o número exato de seus anos, por meio de mesas festivas e alegres. Aguardem com calma o toque de reunir das trombetas de Josafá.

HUMBERTO DE CAMPOS
Pedro Leopoldo (MG), 25 de junho de 1937.

~ 1 ~
De um casarão do outro mundo

27 de março de 1935

Muitas vezes pensei que outras fossem as surpresas que aguardassem um morto, depois de entregar à terra os seus despojos. Como um menino que vai pela primeira vez a uma feira de amostras, imaginava o conhecido chaveiro dos grandes palácios celestiais. Via Pedro de mãos enclavinhadas debaixo do queixo, óculos de tartaruga, como os de Nilo Peçanha,[6] assestados no nariz, percorrendo com as suas vistas sonolentas e cansadas os estudos técnicos, os relatórios, os mapas e livros imensos, enunciadores do movimento das almas que regressavam da Terra, como destacado amanuense[7] de secretaria. Presumia-o um velhote bem conservado, igual aos senadores do tempo da Monarquia no

---

[6] N.E.: Nilo Procópio Peçanha (1867-1924), político brasileiro.
[7] N.E.: O mesmo que escrevente, funcionário copista.

Brasil, cofiando os longos bigodes e os fios grisalhos da barba respeitável. Talvez que o bom do Apóstolo, desentulhando o baú de suas memórias, me contasse algo de novo: algumas anedotas a respeito de sua vida, segundo a versão popular; fatos do seu tempo de pescarias, certamente cheios das estroinices de rapazola. As jovens de Séforis e de Cafarnaum, na Galileia, eram criaturas tentadoras com os seus lábios de romã amadurecida. Pedro por certo diria algo de suas aventuras, ocorridas, está claro, antes da sua conversão à Doutrina do Nazareno. Não encontrei, porém, o chaveiro do Céu. Nessa decepção, cheguei a supor que a região dos bem-aventurados deveria ficar encravada em alguma cordilheira de nuvens inacessíveis. Tratava-se, certamente, de um recanto de maravilhas, em que todos os lugares tomariam denominações religiosas, na sua mais alta expressão simbólica: Praça das Almas Benditas, Avenida das Potências Angélicas. No coração da cidade prodigiosa, em paços resplandecentes, Santa Cecília deveria tanger a sua harpa, acompanhando o coro das onze mil virgens, cantando ao som de harmonias deliciosas, para acalentar o sono das filhas de Aqueronte e da Noite, a fim de que não viessem, com as suas achas incandescentes e víboras malditas, perturbar a paz dos que ali esqueciam os sofrimentos, em repouso beatífico. De vez em quando se organizariam, nessa região maravilhosa, solenidades e festas comemorativas dos mais importantes acontecimentos da Igreja. Os papas desencarnados seriam os oficiantes das missas e te-déuns de grande gala, a que compareceriam todos os santos do calendário; São Francisco Xavier, com o mesmo hábito esfarrapado com que andou pregando nas Índias; São José, na sua indumentária de carpinteiro; São Sebastião, na sua armadura de soldado romano; Santa Clara, com o seu perfil lindo e severo de madona, sustentada pelas mãos minúsculas e inquietas dos arcanjos, como rosas de carne loura. As almas bem-conceituadas representariam, nas galerias deslumbrantes, os santos que a Igreja inventou para o seu hagiológio.

No entanto... Não me foi possível encontrar o Céu. Julguei, então, que os espíritas estavam mais acertados em seus pareceres. Deveria reencontrar os que haviam abandonado as suas carcaças na Terra, continuando a mesma vida. Busquei relacionar-me com as falanges de brasileiros emigrados do outro mundo. Idealizei a sociedade antiga, os patrícios ilustres aí refugiados, imaginando encontrá-los em uma residência principesca como a do marquês de Abrantes, instalada na antiga chácara de dona Carlota, em Botafogo, onde recebiam a mais fina flor da sociedade carioca das últimas décadas do Segundo Império, cujas reuniões, compostas de fidalgos escravocratas da época, ofuscavam a simplicidade monacal dos Paços de São Cristóvão.

E pensei de mim para comigo: os rabinos do Sinédrio, que exararam a sentença condenatória de Jesus Cristo, quererão saber as novidades de Hitler, na sua fúria contra os judeus. Os remanescentes do príncipe de Bismarck, que perderam a última guerra, desejariam saber qual a situação dos negócios franco-alemães. Contaria aos israelitas a história da esterilização, e aos seguidores do ilustre filho de Schoenhausen as questões do plebiscito do Sarre. Cada bem-aventurado me viria fazer uma solicitação, às quais eu atenderia com as habilidades de um porta-novas acostumado aos prazeres maliciosos do boato.

Enganara-me, todavia. Ninguém se preocupava com a Terra, ou com as coisas da sua gente.

Tranquilizem-se, contudo, os que ficaram, porque, se não encontrei o Padre eterno com as suas longas barbas de neve, como se fossem feitas de paina alva e macia, segundo as gravuras católicas, não vi também o diabo.

Logo que tomei conta de mim, conduziram-me a um solar confortável, como a casa dos Bernardelli, na praia de Copacabana. Semelhante a uma abadia de frades na Estíria, espanta-me o seu aspecto imponente e grandioso. Procurei saber nos anais desse casarão do outro mundo as notícias relativas ao planeta terreno. Examinei os seus infólios. Nenhum relato havia a respeito dos santos da corte celestial, como eu os imaginava, nem alusões a Mefistófeles[8] e ao Amaldiçoado. Ignorava-se a história do fruto proibido, a condenação dos anjos rebelados, o decreto do dilúvio, as espantosas visões do evangelista no Apocalipse. As religiões estão na Terra muito prejudicadas pelo abuso dos símbolos. Poucos fatos relacionados com elas estavam naqueles documentos.

O nosso mundo é insignificante demais, pelo que pude constatar na outra vida. Conforta-me, porém, haver descoberto alguns amigos velhos, entre muitas caras novas.

Encontrei o Emílio[9] radicalmente transformado. Contudo, às vezes, faz questão de aparecer-me de ventre rotundo e rosto bonacheirão, como recebia os amigos na Pascoal, para falar da vida alheia:

— Ah! filho — exclama sempre —, há momentos nos quais eu desejaria descer no Rio, como em *O homem invisível* de Wells,[10] e dar muita paulada nos bandidos de nossa terra.

E, na graça de quem, esvaziando copos, andou enchendo o tonel das Danaides,[11] desfolha o caderno de suas anedotas mais recentes.

A vida, entretanto, não é mais idêntica à da Terra. Novos hábitos. Novas preocupações e panoramas novos. A minha situação é a de um enfermo pobre que se visse de uma hora para outra em luxuosa estação de águas, com as despesas custeadas

---

[8] N.E.: Personagem considerado a personificação do diabo na lenda alemã de Fausto consagrado no drama homônimo (1790) de Johann Wolfgang von Goethe (1749–1832, escritor alemão).

[9] N.E.: Emílio de Meneses (1866–1918), membro da Academia Brasileira de Letras e jornalista.

[10] N.E.: Romance de ficção científica do escritor britânico Herbert George Wells (1866–1946).

[11] N.E.: Nome das 50 filhas de Dânaos (rei do Egito e mais tarde de Argos) que, com exceção de uma delas, mataram os esposos na noite de núpcias.

pelos amigos. Restabelecendo a saúde, estudo e medito. E meu coração, ao descerrar as folhas diferentes dos compêndios do infinito, pulsa como o do estudante novo.

Sinto-me novamente na infância. Calço os meus tamanquinhos, visto as minhas calças curtas, arranjo-me às pressas, com a má vontade dos garotos incorrigíveis, e vejo-me outra vez diante da mestra Sinhá, que me olha com indulgência, por meio da sua tristeza de virgem desamada, e repito, apontando as letras na cartilha: A B C... A B C D E...

Ah! meu Deus, estou aprendendo agora os luminosos alfabetos que os teus dedos imensos escreveram com giz de ouro resplandecente nos livros da natureza. Faze-me novamente menino, para compreender a lição que me ensinas! Sei hoje, relendo os capítulos da tua glória, porque vicejam na Terra os cardos e os jasmineiros, os cedros e as ervas, porque vivem os bons e os maus, recebendo, numa atividade promíscua, os benefícios da tua casa.

Não trago do mundo, Senhor, nenhuma oferenda para a tua grandeza! Não possuo senão o coração, exausto de sentir e bater, como um vaso de iniquidades, no dia em que te lembrares, porém, do mísero pecador que te contempla no teu doce mistério como lâmpada de luz eterna, acerca da qual bailam os sóis como pirilampos acesos dentro da noite, fecha os teus olhos misericordiosos para as minhas fraquezas e deixa cair nesse vaso imundo uma raiz de açucena. Então, Senhor, como já puseste lume nos meus olhos, que ainda choram, plantarás o lírio da paz no meu coração que ainda sofre e ainda ama.

~ 2 ~
Carta aos que ficaram

28 de março de 1935

No antigo Paço da Boa Vista, nas audiências dos sábados, quando recebia toda gente, atendeu D. Pedro II a um negro velho, de carapinha branca e em cujo rosto, enrugado pelo frio de muitos invernos, se descobria o sinal de muitas penas e muitos maus-tratos.

— Ah! meu grande senhor — exclamou o infeliz —, como é duro ser escravo!...

O magnânimo imperador encarou suas mãos cansadas no leme da direção do povo e aquelas outras, engelhadas nas excrescências dos calos adquiridos na rude tarefa das senzalas, e tranquilizando-o comovido:

— Oh! meu filho, tem paciência! Também eu sou escravo dos meus deveres e eles são bem pesados... Teus infortúnios vão diminuir...

E mandou libertar o preto.

Mais tarde, nos primeiros tempos do seu desterro, o bondoso monarca, a bordo do "Alagoas", recebeu a visita do seu ex-ministro; às primeiras interpelações de Ouro Preto, respondeu-lhe o grande exilado:

— Em suma, estou satisfeito e tranquilo.

E, aludindo à sua expatriação:

— É a minha carta de alforria... Agora posso ir aonde quero.

A coroa era pesada demais para a cabeça do monarca republicano.

Aos que me perguntarem no mundo sobre a minha posição em face da morte, direi que ela teve para mim a fulguração de um Treze de Maio para os filhos de Angola.

A morte não veio buscar minha alma, quando esta se comprazia nas redes douradas da ilusão. Sua tesoura não me cortou fios da mocidade e do sonho, porque eu não possuía senão neves brancas e rígidas, à espera do Sol para se desfazerem. O gelo dos meus desenganos necessitava desse calor de realidade, que a morte espalha no caminho em que passa com a sua foice derrubadora. Resisti, porém, ao seu cerco, como Aquiles, no heroísmo indomável de quem vê a destruição de suas muralhas e redutos. Na minha trincheira de sacos de água quente, eu a via chegar quase todos os dias... Mirava-me nas pupilas chamejantes dos seus olhos, pedindo-lhe complacência, e ela me sorria, consoladora nas suas promessas. Eu não podia, porém, adivinhar o seu fundo mistério, porque a dúvida obsidiava o meu Espírito, enrodilhando-se no meu raciocínio como tentáculos de um polvo.

E, na minha alegria bárbara, sentia-me encurralado no sofrimento, como um lutador romano aureolado de rosas.

Triunfava da morte e, como Ájax, recolhi as últimas esperanças no rochedo da minha dor, desafiando o tridente dos deuses.

Minha excessiva vigilância trouxe-me a insônia, que arruinou a tranquilidade dos meus últimos dias. Perseguido pela surdez, já meus olhos se apagavam como as derradeiras luzes de um navio soçobrando em mar encapelado, no silêncio da noite. Sombra, movendo-se dentro das sombras, não me acovardei diante do abismo. Sem esmorecimentos, atirei-me ao combate, não para repelir mouros na costa, mas para erguer muito alto o coração, retalhado nas pedras do caminho, como um livro de experiências para os que vinham depois dos meus passos, ou como a réstia luminosa que os faroleiros desabotoam na superfície das águas, prevenindo os incautos do perigo das sirtes traiçoeiras do oceano.

Muitos me supuseram corroído de lepra[12] e de vermina, como se eu fosse Bento Labre, raspando-se com a escudela de Jó. Eu, porém, estava apenas refletindo a claridade das estrelas do meu imenso crepúsculo. Quando me encontrava nessa faina de semear a resignação, a primeira e última flor dos que atravessam o deserto das incertezas da vida, a morte abeirou-se do meu leito, devagarinho, como alguém que temesse acordar um menino doente. Esperou que tapassem com a anestesia todas as janelas e fendas dos meus sentimentos. E quando o caos mais absoluto se fez sentir no meu cérebro, zás! cortou as algemas a que me conservava retido por amor aos outros condenados, irmãos meus, reclusos no calabouço da vida. Adormeci nos seus braços, como um ébrio nas mãos de uma deusa. Despertando dessa letargia momentânea, compreendi a realidade da vida, que eu negara, além dos ossos que se enfeitam com os cravos rubros da carne.

— Humberto!... Humberto! — exclamou uma voz longínqua — recebe o que te enviam da Terra!

---

[12] N.E.: Na época em que esta obra foi escrita, esse termo era comum, mas atualmente é considerado pejorativo e/ou preconceituoso. Hanseníase, morfeia, mal de Hansen ou mal de Lázaro é uma doença infecciosa causada pela bactéria *Mycobacterium leprae* (também conhecida como bacilo de Hansen) que afeta os nervos e a pele, podendo provocar danos severos.

Arregalei os olhos com horror e com enfado:
— Não! Não quero saber de panegíricos e agora não me interessam as seções necrológicas dos jornais.
— Enganas-te — repetiu —, as homenagens da convenção não se equilibram até aqui. A hipocrisia é como certos micróbios de vida muito efêmera. Toma as preces que se elevaram por ti a Deus, dos peitos sufocados no qual penetraste com as tuas exortações e conselhos. O sofrimento entornou no teu coração um cântaro de mel.

Vi descer, de um ponto indeterminado do espaço, braçadas de flores inebriantes, como se fossem feitas de neblina resplandecente, e escutei, envolvendo o meu nome pobre, orações tecidas com suavidade e doçura. Ah! eu não vira o Céu e a sua corte de bem-aventurados; mas, Deus receberia aquelas deprecações no seu sólio de estrelas encantadas, como a hóstia simbólica do Catolicismo se perfuma na onda envolvente dos aromas de um turíbulo. Nossa Senhora deveria ouvi-las no seu trono de jasmins bordados de ouro, contornado dos anjos que eternizam a sua glória.

Aspirei com força aqueles perfumes. Pude locomover-me para investigar o reino das sombras, no qual penso sem miolos na cabeça. Amava ainda e ainda sofria, reconhecendo-me no pórtico de uma nova luta.

Encontrei alguns amigos a quem apertei fraternalmente as mãos. E voltei cá. Voltei para falar com os humildes e com os infortunados, confundidos na poeira da estrada de suas existências, como frangalhos de papel rodopiando ao vento. Voltei, para dizer aos que não pude interpretar no meu ceticismo de sofredor:

— Não sois os candidatos ao casarão da Praia Vermelha. Plantai, pois, nas almas, a palmeira da esperança. Mais tarde, ela desdobrará sobre as vossas cabeças encanecidas os seus leques enseivados e verdes...

E posso acrescentar, como o neto de Marco Aurélio, no tocante à morte que me arrebatou da prisão nevoenta da Terra:

— É a minha carta de alforria... Agora posso ir aonde quero. Os amargores do mundo eram pesados demais para o meu coração.

～ 3 ～
Aos meus filhos

8 de abril de 1935

Meus filhos, venho falar a vocês como alguém que abandonasse a noite de Tirésias, no carro fulgurante de Apolo, subindo aos cumes dourados e perfumosos do Hélicon. Tudo é harmonia e beleza, na companhia dos numes e dos gênios, mas o pensamento de um cego, ao reabrir os olhos nas rutilâncias da luz, é para os que ficaram, lá longe, dentro da noite, em que apenas a esperança é uma estrela de luz doce e triste.

Não venho da minha casa subterrânea no São João Batista, como os mortos que os larápios, às vezes, fazem regressar aos tormentos da Terra, por mal dos seus pecados. Na derradeira morada do meu corpo ficaram os meus olhos enfermos e as minhas indisposições orgânicas. Cá estou, como se houvesse sorvido um néctar de juventude no banquete dos deuses.

Entretanto, meus filhos, levanta-se entre nós um rochedo de mistério e de silêncio.

Eu sou eu. Fui o pai de vocês e vocês foram meus filhos. Agora, somos irmãos. Nada há de mais belo do que a lei de solidariedade fraterna, delineada pelo Criador na sua glória inacessível. A morte não suprimiu a minha afetividade e ainda possuo o coração de homem, para o qual vocês são as melhores criaturas desse mundo.

Dizem que Orfeu, quando tangia as cordas da sua lira, sensibilizava as feras que se agrupavam enternecidas para escutá-lo. As árvores vinham de longe, transportadas na sua harmonia. Os rios sustavam o curso das suas correntes impetuosas, quedando-se para ouvi-lo. Havia deslumbramentos na paisagem musicalizada. A morte, meus filhos, cantou para mim, tocando o seu alaúde. Todas as minhas convicções deixaram os seus lugares primitivos, para sentir a grandeza do seu canto.

Não posso transmitir esse mistério maravilhoso, por intermédio dos métodos imperfeitos de que disponho. E, se pudesse, existe agora entre nós o fantasma da dúvida.

Convidado pelo Senhor, eu também estive no banquete da vida. Não nos palácios da popularidade ou da juventude efêmera, mas no átrio pobre e triste do sofrimento, onde se conservam temporariamente os mendigos da sua casa. Minha primeira dor foi a minha primeira luz. E quando os infortúnios formaram uma teia imensa de amarguras para o meu destino, senti-me na posse do celeiro de claridades da sabedoria. Minhas dores eram a minha prosperidade. Porém, qual o cortesão de Dionísio, vi a dúvida, como espada afiadíssima, balouçando-se sobre a minha cabeça. Aí, na Terra, entre a crença e a descrença, está sempre ela, a espada de Dâmocles. Isso é uma fatalidade.

Venho até vocês cheio de amorosa ternura e se não me posso individualizar, apresentando-me como o pai carinhoso, não podem vocês garantir a impossibilidade da minha sobrevivência. A dúvida entre nós é como a noite. O amor, entretanto, luariza estas sombras. Um morto, como eu, não pode esperar a certeza ou a negação dos vivos que receberem a sua mensagem, para a qual há de prevalecer o argumento dubitativo. E nem pode exigir outra coisa quem no mundo não procederia de outra forma.

Sinto hoje, mais que nunca, a necessidade de me impessoalizar, de ser novamente o filho ignorado de dona Anica, a boa e santa velhinha que continua sendo para mim a mais santa das mães. Tenho necessidade de me esquecer de mim mesmo.

Todavia, antes que se cumpra este meu desejo, volto para falar a vocês, paternalmente, como no tempo em que destruía o fosfato do cérebro, a fim de adquirir combustível para o estômago.

— Meus filhos!... Meus filhos!... Estou vivendo... Não me veem?... Mas, olhem, olhem o meu coração como está batendo ainda por vocês!...

Aqui, meus filhos, não me perguntaram se eu havia descido gloriosamente as escadas do Petit Trianon; não fui inquirido a respeito dos meus triunfos literários e não me solicitaram informes sobre o meu fardão acadêmico. Em compensação, fui arguido acerca das causas dos humildes e dos infortunados, pelas quais me bati.

Vivam, pois, com prudência, na superfície desse mundo de futilidades e glórias vãs.

Num dos mais delicados poemas de Wilde, as oréades lamentam a morte de Narciso, junto de sua fonte predileta, transformada numa taça de lágrimas.

— Não nos admira — suspiram elas — que tanto tenhas chorado!... Era tão lindo!...

— Era belo, Narciso? — perguntou o lago.

— Quem melhor do que tu poderia sabê-lo, se ele nos desprezava a todas para estender-se nas relvas da tua margem, baixando os olhos para contemplar, no diamante da tua onda, a sua formosura?...

A fonte respondeu:

— Eu adorava Narciso, porque, quando me procurava com os olhos, eu via, no espelho das suas pupilas, o reflexo da minha própria beleza.

Em sua generalidade, meus filhos, os homens, quando não são Narciso, enamorados da sua própria formosura, são a fonte de Narciso.

Não venho exortar a vocês como sacerdote; conheço de sobra as fraquezas humanas. Vivam, porém, a vida do trabalho e da saúde, longe da vaidade corruptora. E, na religião da consciência retilínea, não se esqueçam de rezar. Eu, que era um homem tão perverso e tão triste, estou aprendendo de novo a minha prece, como fazia na infância, ao pé de minha mãe, na Parnaíba.

Venham, meus filhos!... Ajoelhemos de mãos postas... Não veem que cheguei de tão longe?! Fui mais feliz que o Rico e o Lázaro da parábola, que não puderam voltar... Ajoelhemos no templo do Espírito; inclinem vocês a fronte sobre o meu coração. Cabem todos nos meus braços? Cabem, sim...

Vamos rezar com o pensamento em Deus, com a alma no Infinito. *Padre nosso... Que estais no Céu... Santificado seja o vosso nome...*

~ 4 ~
# Na mansão dos mortos

9 de abril de 1935

— O amigo sabe que os fotógrafos ingleses registraram a presença de *Sir* Conan Doyle[13] no enterro de *Lady* Gaillard? Esta pergunta me foi dirigida pelo coronel C... da C...,[14] que eu conhecera numa das minhas viagens pelo Nordeste. O coronel lia, por desfastio, as minhas crônicas e em poucos minutos nos tornamos camaradas. Há muito tempo, todavia, soubera eu da sua passagem para o outro mundo, em virtude de uma arteriosclerose generalizada. Tempo vai, tempo vem, defrontamo-nos de novo no vagão infinito da vida, em que todos viajamos por meio da eternidade. E, como o melhor abraço é o que

---

[13] N.E.: Arthur Conan Doyle (1859-1930), médico, poeta e escritor mundialmente famoso por suas histórias sobre o detetive Sherlock Holmes.

[14] N.E.: No original da mensagem foram dados por extenso os nomes das pessoas nela mencionadas. Como, porém, essas pessoas deixaram descendentes que poderiam molestar-se com as referências que lhes fez o Espírito Humberto de Campos, resolvemos indicá-las apenas pelas iniciais.

podemos dar longe dos vivos, ali estávamos os dois, *tête-à-tête*, sem pensar no relógio que regulava os nossos atos no presídio da Terra, nem nos ponteiros do estômago que aí trabalham com demasiada pressa.

C... tinha no mundo ideias espíritas e continuava, na outra vida, a interessar-se pelas coisas da sua Doutrina.

— Então, coronel, a vida que levaremos por aqui não será muito diversa da que observávamos lá embaixo? Um morto, por exemplo, pode apresentar-se nas solenidades dos vivos, participar das suas alegrias e das suas tristezas, como no presente caso? Aliás, já sabemos do capítulo evangélico[15] que manda os mortos enterrar seus mortos.

— Pode, sim, menino — replicou o meu amigo, como quem evocasse uma cena dolorosa —, mas, isso de acompanhar enterros, sobra-me experiência para não mais fazê-lo. Costumamos observar que, se os vivos têm medo dos que já regressaram para cá, nós igualmente, às vezes, sentimos repulsa de topar com os vivos. O que lhe vou contar, porém, ocorreu entre os considerados mortos. Tive medo de dois espectros, num ambiente soturno de cemitério.

E o meu amigo, com o olhar mergulhado no pretérito longínquo, monologava:

— Desde essa noite, nunca mais acompanhei enterros de amigos... Deixo isso para os encarnados, que vivem brincando de cabra-cega no seu temporário esquecimento...

— Conte-me, coronel, o acontecido — disse eu, mal sopitando a curiosidade.

— Lembra-se — começou ele — da admiração que eu sempre manifestava pelo Dr. A. F., que você não chegou a conhecer em pessoa?

— Vagamente...

---

[15] N.E.: *Mateus*, 8:22.

— Pois bem, o Antonico, nome pelo qual respondia na intimidade, era um dos meus amigos do peito. Advogado de renome na minha terra, já o conheci na elevada posição que usufruía no seio da sociedade que lhe acatava todas as ações e pareceres.

"Pardavasco insinuante, era o tipo do mulato brasileiro. Simpático, inteligente, captava a confiança de quantos se lhe aproximavam. Era de uma felicidade sem igual. Ganhava todas as causas que lhe eram entregues. O crime mais negro apresentava, para a sua palavra percuciente, uma argumentação infalível na defesa. Os réus, absolvidos com a sua colaboração, retiravam-se da sala de sessões da justiça quase canonizados. O Antonico se metera em alguma pendência? O triunfo era dele. Isso era certo. Gozava de toda a nossa consideração e estima. Criara a sua família com irrepreensível moralidade. Em algumas cerimônias religiosas a que compareci, recordo-me de lá o haver encontrado como bom católico, em cuja personalidade o nosso vigário via um dos seus mais prestigiosos paroquianos.

"Chefiava iniciativas de caridade, presidia a associações religiosas e primava pela austeridade intransigente dos seus costumes.

"Quando voltei desse mundo, que hoje representa para nós uma penitenciária, trouxe dele saudosas recordações.

"Imagine, pois, o meu desejo de reencontrá-lo, quando vim a saber, nestas paragens, que ele se achava às portas da morte. Obtive permissão para excursionar pela Terra e fui revê-lo na sua cama de luxo, rodeado de zelos extremos, numa alcova ensombrada de sua confortável residência. As poções eram ingeridas. Injeções eram aplicadas. Os médicos eram atenciosamente ouvidos. Contudo, a morte rondava o leito de rendas com o seu passo silencioso. Depois de ter o abdômen rasgado por um bisturi, uma infecção sobreviera inesperadamente.

"Apareceu uma pleurisia e todas as punções foram inúteis. Antonico agonizava. Vi-o nos seus derradeiros momentos, sem que ele me visse na sua semi-inconsciência. Os médicos, à sua cabeceira, deploravam o desaparecimento do homem probo. O padre, que sustinha naquelas mãos de cera um delicado crucifixo, recitando a oração dos moribundos, fazia ao Céu piedosas recomendações. A esposa chorava o esposo, os filhos o pai. Aos meus olhos, aquele quadro era o da morte do justo. Transcorridas algumas horas, acompanhei o fúnebre cortejo que ia entregar à terra aqueles despojos frios.

"Desnecessário é que lhe diga das pomposas exéquias que a Igreja dispensou ao morto, em virtude da sua posição eminente. Preces, aspersões com hissopes ensopados em água benta e latim agradável.

"Mas, como nem todos os que morrem se desapegam imediatamente dos humores e das vísceras, esperei que o meu amigo acordasse para ser o primeiro a abraçá-lo.

"Era crepúsculo. E, naquela tarde de agosto, as nuvens estavam enrubescidas em meio do fumo das queimadas, parecendo uma espumarada de sangue. Havia um cheiro de terra brava entre as lousas silenciosas, ao pé dos salgueiros e dos ciprestes. Eu esperava. De vez em quando, o vento agitava a ramaria dos chorões, que pareciam soluçar, numa toada esquisita. Os coveiros abandonaram a tarefa sinistra, e eu vi um vulto de mulher esgueirando-se entre as lápides enegrecidas. Parou junto daquela cova fresca. Não se tratava de nenhuma alma encarnada. Aquela mulher pertencia também ao reino das sombras. Observei-a de longe. Todavia, gritos estentóricos ecoaram aos meus ouvidos.

"'A. F.!' — exclamou o espectro — 'chegou o momento da minha vingança!... Ninguém poderá advogar a tua causa. Nem Deus, nem o demônio poderão interceder pela tua sorte, como não puderam cicatrizar no mundo as feridas que abriste em meu coração. Todas as nossas testemunhas, agora, são mudas. Os anjos aqui são de pedra e as capelas de mármore, cheias de cruzes caladas, são estojos de carne apodrecida. Lembras-te de mim? Sou R. S., que infelicitaste com a tua infâmia!

"'Já não és aquele moreno insinuante que surrupiou a fortuna de meus pais, destruindo-lhes a vida e atirando-me no meretrício abominável. A fortuna que te deu um nome foi edificada no pedestal do crime.

"'Recordas-te das promessas mentirosas que me fizeste? Envergonhada, abandonei a terra que me vira nascer, para ganhar o pão no mais horrendo comércio. Corri mundo sem esquecer a tua perversidade e sem conseguir afogar o meu infortúnio na taça dos prazeres.

"'Entretanto, o mundo foi teu. Réu de um crime nefando, foste sacerdote da justiça; eu, a vítima desconhecida, fui obrigada a sufocar minha fraqueza nas sentinas sociais, onde os homens pagam o tributo das suas misérias. Tiveste a sociedade; eu, os bordéis. O triunfo e a consideração te pertenceram; a mim coube o desprezo e a condenação. Meu lar foi o hospital, donde se escapou o último gemido do meu peito.

"'Meus braços, que haviam nascido para acariciar os anjos de Deus, como dois galhos de árvore cheios de passarinhos, foram por ti transformados em tentáculos de perdição. Eu poderia ter possuído um lar, em que as crianças abençoassem os meus carinhos e onde um companheiro laborioso se reconfortasse com o beijo da minha afeição. Venho condenar-te, oh! desalmado assassino, em nome da Justiça eterna que nos rege, acima dos homens. Há mais de um lustro, espero-te nesta solidão indevassável, em que não poderás comprar a consciência dos juízes... Viveste com o teu conforto, enquanto eu penava com a minha miséria, mas o inferno agora será de nós dois!...'"

O coronel fazia uma pausa, enquanto eu meditava naquela história.

— A mulher chorava — continuou ele — de fazer dó. Aproximei-me dela, não sendo, porém, notada a minha presença. Olhei a cruz modesta e carcomida que havia sido arrancada poucas horas antes, daqueles sete palmos de terra, para

que ali fosse aberto um novo sepulcro, e, não sei se por artes do acaso, nela estava escrito um nome com pregos amarelos, já desfigurados pela ferrugem:
R. S. — Orai por ela.
"Por uma coincidência sinistra, reencontravam-se os dois corpos e as duas almas. Procurei fazer tudo pelo Antonico, mas, quando atravessei com o meu olhar a terra que lhe cobria os despojos, afigurou-se-me ver um monte de ossos que se moviam. Crânio, tíbias, úmeros, clavículas se reuniam sob uma ação misteriosa e vi uma caveira chocalhando os dentes de fúria, ao mesmo tempo que umas falangetas de aço pareciam apertar o pescoço do cadáver do meu amigo."

— E ele, coronel, isto é, o Espírito, estava presente?

— Estava, sim. Presente e desperto. Lá o deixei, sentindo os horrores daquela sufocação...

— Mas e Deus, coronel? Aonde estava Deus que não se compadeceu do pecador arrependido?

O coronel me olhou, como se estivesse interrogando a si mesmo, e declarou por fim:

— Homem, sei lá!... Acredito que Deus tenha criado o mundo; porém, acho que a Terra ficou mesmo sob a administração do diabo.

5
Judas Iscariotes

19 de abril de 1935

Silêncio augusto cai sobre a Cidade Santa. A antiga capital da Judeia parece dormir o seu sono de muitos séculos. Além, descansa Getsêmani, onde o divino Mestre chorou numa longa noite de agonia; acolá, está o Gólgota sagrado, e em cada coisa silenciosa há um traço da Paixão que as épocas guardarão para sempre. E, em meio a todo o cenário, como um veio cristalino de lágrimas, passa o Cedrom silencioso, como se as suas águas mudas, buscando o Mar Morto, quisessem esconder das vistas dos homens os segredos insondáveis do Nazareno.

Foi assim, numa destas noites, que vi Jerusalém, vivendo a sua eternidade de maldições.

Os Espíritos podem vibrar em contato direto com a História. Buscando uma relação íntima com a cidade dos profetas, eu procurava observar o passado vivo dos lugares santos. Parece que as mãos iconoclastas de Tito por ali passaram como executoras de um decreto irrevogável. Por toda parte ainda persiste um sopro de destruição e desgraça. Legiões de duendes, embuçados nas suas vestimentas antigas, percorrem as ruínas sagradas e, no meio das fatalidades que pesam sobre o empório[16] morto dos judeus, não ouvem os homens, os gemidos da humanidade invisível.

Nas margens caladas do Cedrom, não longe talvez do lugar sagrado onde o Salvador esteve com os discípulos, divisei um homem sentado sobre uma pedra. De sua expressão fisionômica irradiava-se cativante simpatia.

— Sabe quem é este? — murmurou alguém aos meus ouvidos. — Este é Judas.

— Judas?

— Sim. Os Espíritos apreciam, às vezes, não obstante o progresso que já alcançaram, volver atrás, visitando os sítios onde se engrandeceram ou prevaricaram, sentindo-se momentaneamente transportados aos tempos idos. Então, mergulham o pensamento no passado, regressando ao presente, dispostos ao heroísmo necessário do futuro. Judas costuma vir à Terra, nos dias em que se comemora a Paixão de nosso Senhor, meditando nos seus atos de antanho...

Aquela figura de homem magnetizava-me. Não estou ainda livre da curiosidade do repórter, mas entre as minhas maldades de pecador e a perfeição de Judas existia um abismo. Meu atrevimento, porém, e a santa humildade do seu coração ligaram-se, para que eu o entrevistasse, procurando ouvi-lo:

— O senhor é de fato o ex-filho de Iscariotes? — perguntei.

— Sim, sou Judas — respondeu aquele homem triste, enxugando uma lágrima nas dobras de sua longa túnica. — Como o Jeremias, das Lamentações, contemplo às vezes esta Jerusalém arruinada, meditando no juízo dos homens transitórios...

---

[16] N.E.: Estabelecimento comercial onde são vendidos diversos tipos de mercadorias; armazém.

— É uma verdade tudo quanto reza o Novo Testamento a respeito da sua personalidade, na tragédia da condenação de Jesus?

— Em parte... Os escribas que redigiram os evangelhos não atenderam às circunstâncias e às tricas políticas que, acima dos meus atos, predominaram na nefanda crucificação. Pôncio Pilatos e o tetrarca da Galileia, além dos seus interesses individuais na questão, tinham ainda a seu cargo salvaguardar os interesses do Estado romano, empenhado em satisfazer às aspirações religiosas dos anciãos judeus. Sempre a mesma história. O Sinédrio desejava o reino do Céu, pelejando por Jeová a ferro e fogo; Roma queria o reino da Terra. Jesus estava entre essas forças antagônicas, com a sua pureza imaculada. Ora, eu era um dos apaixonados pelas ideias socialistas do Mestre; porém, o meu excessivo zelo pela Doutrina me fez sacrificar o seu fundador. Acima dos corações, eu via a política, única arma com a qual poderia triunfar, e Jesus não obteria nenhuma vitória com o desprendimento das riquezas. Com as suas teorias nunca poderia conquistar as rédeas do poder, já que, em seu manto de pobre, se sentia possuído de um santo horror à propriedade. Planejei, então, uma revolta surda, como se projeta hoje em dia na Terra a queda de um chefe de Estado. O Mestre passaria a um plano secundário e eu arranjaria colaboradores para uma obra vasta e enérgica, como a que fez mais tarde Constantino I, o Grande, depois de vencer Maxêncio às portas de Roma, o que, aliás, apenas serviu para desvirtuar o Cristianismo. Entregando, pois, o Mestre a Caifás, não julguei que as coisas atingissem um fim tão lamentável e, ralado de remorsos, presumi que o suicídio era a única maneira de me redimir aos seus olhos.

— E chegou a salvar-se pelo arrependimento?

— Não. Não consegui. O remorso é uma força preliminar para os trabalhos reparadores. Depois da minha morte trágica, submergi-me em séculos de sofrimento expiatório da minha falta. Sofri horrores nas perseguições infligidas em Roma aos adeptos da Doutrina de Jesus e as minhas provas culminaram em uma fogueira inquisitorial, em que imitando o Mestre, fui traído, vendido e usurpado. Vítima da felonia e da traição, deixei na Terra os derradeiros resquícios do meu crime, na Europa do século XV. Desde esse dia, em que me entreguei por amor do Cristo a todos os tormentos e infâmias que me aviltavam, com resignação e piedade pelos meus verdugos, fechei o ciclo das minhas dolorosas reencarnações na Terra, sentindo na fronte o ósculo de perdão da minha própria consciência...

— E está hoje meditando nos dias que se foram... — pensei com tristeza.

— Sim... estou recapitulando os fatos como se passaram. E agora, irmanado com Ele, que se acha no seu luminoso reino das Alturas, que ainda não é deste mundo, sinto nestas estradas o sinal dos seus passos divinos. Vejo-o ainda na cruz, entregando a Deus o seu destino... Sinto a clamorosa injustiça dos companheiros que o abandonaram inteiramente e me vem uma recordação carinhosa das poucas mulheres que o ampararam no doloroso transe. Em todas as homenagens a Ele prestadas, eu sou sempre a figura repugnante do traidor... Olho complacentemente os que me acusam sem refletir se podem atirar a primeira pedra... Sobre o meu nome pesa a maldição milenária, como sobre estes sítios cheios de miséria e de infortúnio. Pessoalmente, porém, estou saciado de justiça, porque já fui absolvido pela minha consciência, no tribunal dos suplícios redentores.

"Quanto ao divino Mestre" — continuou Judas com os seus prantos —, "infinita é a sua misericórdia e não só para comigo, porque, se recebi 30 moedas vendendo-o aos seus algozes, há muitos séculos; Ele está sendo criminosamente vendido no mundo, a grosso e a retalho, por todos os preços, em todos os padrões do ouro amoedado..."

— É verdade — concluí —, e os novos negociadores do Cristo não se enforcam depois de vendê-lo.

Judas afastou-se, tomando a direção do Santo Sepulcro, e eu, confundido nas sombras invisíveis para o mundo, vi que no céu brilhavam algumas estrelas sobre as nuvens pardacentas e tristes, enquanto o Cedrom rolava na sua quietude como um lençol de águas mortas, procurando um mar morto.[17]

---

[17] N.E.: Sobre esta crônica há, em *Reformador* (ano LXII, nº 9, p. 204), uma interessante notícia.

~ 6 ~
Aos que ainda se acham mergulhados nas sombras do mundo

23 de abril de 1935

Antigamente, eu escrevia nas sombras para os que se conservavam nas claridades da vida. Hoje, escrevo na luz branca da Espiritualidade para quantos ainda se acham mergulhados nas sombras do mundo. Quero crer, porém, que tão dura tarefa me foi imposta nas mansões da Morte, como esquisita penitência ao meu bom gosto de homem que colheu, quanto pôde, dos frutos saborosos da árvore paradisíaca dos nossos primeiros pais, segundo as Escrituras.

Contudo, não desejo imitar aquele velho Tirésias que, à força de proferir alvitres e sentenças, conquistou dos deuses o dom divinatório, em troca dos preciosos dons da vida.

Por esta razão, meu pensamento não se manifesta entre vocês que aqui acorreram para ouvi-lo, como o daquelas entidades batedoras que em Hydesville, na América do Norte, por intermédio das irmãs Fox,[18] viviam nos primórdios do Espiritismo, contando histórias e dando respostas surpreendentes com as suas pancadas ruidosas e alegres.

Devo também esclarecer ao sentimento de curiosidade que os tangeu, até aqui, que não estou exercendo ilegalmente a Medicina, como grande parte dos defuntos, os quais, hoje em dia, vivem diagnosticando e receitando mezinhas[19] e águas milagrosas para os enfermos.

Tampouco, na minha qualidade de repórter "falecido", sou portador de alguma mensagem sensacional dos paredros comunistas que já se foram dessa vida para a melhor, êmulos dos Lenines, dos Kropotkines, cujos cérebros, a esta hora, devem estar transbordando teorias momentosas para o instante amargo que o mundo está vivendo.

O objetivo das minhas palavras póstumas é somente demonstrar o homem... desencarnado e a imortalidade dos seus atributos. O fato é que vocês não me viram.

No entanto, contem lá fora que enxergaram o médium. Não afirmem que ele se parece com o Mahatma Gandhi,[20] pois que lhe falta uma tanga, uma cabra e a experiência anosa[21] do líder nacionalista da Índia. Historiem, porém, com sinceridade o caso das suas roupas remendadas e tristes de proletário e da sua pobreza limpa e honesta, que anda por esse mundo arrastando tamancos para remissão de suas faltas nas anteriores encarnações. Quanto a mim, digam que eu estava por detrás do véu de Ísis.

---

[18] N.E.: As irmãs Fox foram três mulheres que, nos Estados Unidos da América tiveram um importante papel na gênese do Moderno Espiritualismo Ocidental. As irmãs eram Katherine "Kate" Fox (1837-1892), Leah Fox (1814-1890) e Margaret "Maggie" Fox (1833-1893).

[19] N.E.: Medicamento caseiro.

[20] N.E.: Líder político e espiritual indiano (1869-1948).

[21] N.E.: Antiga.

Mesmo assim, na minha condição de intangibilidade, não me furto ao desejo de lhes contar algo a respeito desta "outra vida", para onde todos têm de regressar. Se não estou nos infernos, de que fala a Teologia dos cristãos, não me acho no sétimo paraíso de Maomé. Não sei contar as minhas aperturas na amarga perspectiva de completo abandono em que me encontrei, logo após abrir os olhos no reino extravagante da morte. Afigurou-se-me que eu ia diretamente consignado ao Aqueronte, cujas águas amargosas deveria transpor, como as sombras, para nunca mais voltar, porque não cheguei a presenciar nenhuma luta entre São Gabriel e os demônios, com as suas balanças trágicas, pela posse de minha alma. Passados, porém, os primeiros instantes de inusitado receio, divisei a figura miúda e simples do meu tio Antoninho, que me recebeu nos seus braços carinhosos de santo.

Em companhia, pois, de afeições ternas, no recanto fabuloso que é a minha temporária morada, ainda estou como aparvalhado entre todos os fenômenos da sobrevivência. Ainda não cheguei a encontrar os sóis maravilhosos, as esferas, os mundos cometários, portentos celestes que Flammarion[22] descreveu na sua *Pluralidade dos mundos*. Para o meu Espírito, a Lua ainda prossegue na sua carreira como esfinge eterna do espaço, embuçada no seu burel de freira morta.

Uma saudade doida e uma ânsia sem-termo fazem um turbilhão no meu cérebro: é a vontade de rever, no reino das sombras, meu pai e minha irmã. Ainda não pude fazê-lo. No entanto, num movimento de maravilhosa retrospecção, pude volver à minha infância na Miritiba longínqua. Revi suas velhas ruas, semiarruinadas pelas águas do Piriá e pelas areias implacáveis... Revi os dias que se foram e senti, novamente, a alma expansiva de meu pai como um galho forte e alegre do tronco robusto dos Véras, e, à minha frente, nos quadros vivos da memória, abracei minha irmãzinha inesquecida, que era em

---

[22] N.E.: Nicolas Camille Flammarion (1842–1925), astrônomo francês.

nossa casa modesta como um anjo pequenino da Assunção de Murillo,[23] que se tivesse corporificado de uma hora para outra sobre as lamas da terra...

Descansei à sombra das árvores largas e fartas, escutando ainda as violas caboclas repinicando os sambas da gente das praias nortistas, e que tão bem ficaram arquivados na poesia encantadora e simples de Juvenal Galeno.[24]

Da Miritiba distante transportei-me à Parnaíba, no qual vibrei com o meu grande mundo liliputiano...[25] Em Espírito, contemplei com minha mãe as folhas enseivadas do meu cajueiro, derramando-se na Terra entre as harmonias do canto choroso das rolas morenas dos recantos distantes da minha terra.

De almas entrelaçadas contemplei o vulto de marfim antigo daquela santa que, como um anjo, espalmou muitas vezes sobre o meu Espírito cansado as suas asas brancas. Beijei-lhe as mãos encarquilhadas, genuflexo, e segurei as contas do seu rosário e as contas miúdas e claras que corriam furtivamente dos seus olhos, acompanhando a sua oração...

Ave Maria... Cheia de graça... Santa Maria... Mãe de Deus...

Ah! de cada vez que o meu olhar se espraia tristemente sobre a superfície do mundo, volvo minha alma aos firmamentos, tomada de espanto e de assombro... Ainda há pouco, nas minhas surpresas de recém-desencarnado, encontrei na existência dos espaços, onde não se contam as horas, uma figura de velho, um Espírito-ancião, em cujo coração milenário presumo refugiadas todas as experiências. Longas barbas de neve, olhos transudando piedade e doçura infinita, da sua fisionomia, de

---

[23] N.E.: Bartolomé Esteban Perez Murillo (1618–1682), pintor barroco espanhol.

[24] N.E.: Poeta brasileiro (1836–1931).

[25] N.E.: Relativo a Lilipute ou o habitante desta ilha imaginária do romance *Viagens de Gulliver*, do escritor inglês Jonathan Swift (1667–1745), onde os habitantes medem apenas seis polegadas.

doutor da lei nos tempos apostólicos, irradiava-se uma corrente de profunda simpatia.

— Mestre! — disse-lhe eu, na falta de outro nome — que podemos fazer para melhorar a situação do orbe terreno? O espetáculo do mundo me desola e espanta... A família parece que se dissolve... O lar está balançando como os frutos podres na iminência de cair... A civilização, com os seus numerosos séculos de leis e instituições, afigura-se-me haver tocado os seus apogeus... De um lado, existem os que se submergem num gozo aparente e fictício, e, do outro, estão as multidões famintas, aos milhares, que não têm senão rasgado, no peito ferido, o sinal da cruz desenhado por Deus com as suas mãos prestigiosas, como os símbolos que Constantino gravara nos seus estandartes... E, sobretudo, Mestre, é a perspectiva horrorosa da guerra... Não há tranquilidade e a Terra parece mais um fogareiro imenso, cheio de matérias em combustão...

No entanto o bondoso Espírito-ancião me respondeu com humildade e brandura:

— Meu filho... Esquece o mundo e deixa o homem guerrear em paz!...

Achei graça no paradoxo, porém, só me resta acrescentar:

— Deixem o mundo em paz com a sua guerra e a sua indiferença!

Não será minha boca quem vai soprar na trombeta de Josafá. Cada um guarde aí a sua crença ou o seu preconceito.

~ 7 ~
A suave compensação

31 de julho de 1935

Foi Wells que, em uma das suas audaciosas fantasias, descreveu o vale escuro e triste no qual um punhado de homens havia perdido as faculdades visuais. Tudo para eles era a mesma noite uniforme, em que se arrastavam como sombras da vida.

As gerações se haviam sucedido incessantemente, os séculos passaram e aqueles seres apagaram da lembrança as tradições dos antepassados que lhes falavam do estranho poder dos olhos, os quais, em seus organismos, nada mais eram que duas conchas de treva.

O mundo para eles estava circunscrito àquela prisão escura. Os trovões e o vozerio lamentoso dos ventos da tarde significavam, para a sua acuidade auditiva, as advertências das bruxas que povoavam o seu deserto, e o chilrear dos passarinhos o suave consolo que lhes prodigalizavam os gênios carinhosos e alegres.

Eis, porém, que, um dia, desce ao vale misterioso um homem que vê. Fala aos filhos das trevas das grandes maravilhas do mundo, dos tesouros amontoados nos seus impérios, das faiscantes grinaldas de luz dos plenilúnios, do entusiasmo colorido das auroras de primavera, de tudo o que as mãos prestigiosas do Senhor puseram nas páginas imensas do livro da natureza, para o encanto fugitivo dos homens.

Em resposta, porém, ouve-se no calabouço um clamor de gargalhadas e de apreensões.

O homem da noite examina com as suas mãos o homem do dia e supõe descobrir a origem dos seus disparates; descrevendo coisas inverossímeis para ele, atribuindo aos seus olhos a causa da sua loucura, concluindo pela necessidade de se lhe arrancarem esses órgãos incômodos, como excrescências daninhas.

Essa fantasia é aplicável ao mundo terreno, tratando-se das verdades novas. Eu sei disso porque também perambulei entre as furnas sombrias desse vale de treva misteriosa, na qual se reúnem os que tiveram a infelicidade de perder os olhos da alma, desviando-se do progresso moral.

Envergando a minha camisa pobre na penitenciária do mundo, ri-me dos que me vinham contar as maravilhas deslumbrantes da pátria das almas. E, readquirindo os meus olhos, nos países da morte, onde não cheguei a encontrar as águas tenebrosas do Tártaro e do Estige, venho hoje, como o viajante incompreendido, falar aos que são objeto da ação inibitória de uma cegueira cruel.

Não acredito na compreensão dos outros, com respeito aos meus argumentos de agora. Um morto nada tem a fazer no mundo daqueles que se presumem os únicos sobreviventes do universo e preferi, por isso, o retraimento, quando os jornais abriram as suas colunas aos debates a respeito das minhas palavras póstumas, recompensa justa ao meu péssimo gosto de voltar a essa prisão nevoenta da vida.

Cheguei mesmo a ponderar que, na passagem evangélica em que o Senhor não permitiu a caridosa atenção de Lázaro para com a súplica do rico, não foi com o objetivo de justiçá-los na balança do mérito e do demérito. Ainda aí, nessa hora de surpresas da lei das compensações, não poderia o Senhor fazer a apologia da indelicadeza. Nem o rico voltou das labaredas fumegantes da sua consciência culpada e nem o pobre do seu banquete de delícias, porque não valeria a pena transpor-se imensuráveis distâncias para dizer aos encarnados apenas aquilo que constitui para o seu entendimento uma verdade inacessível.

Muito antes de Hermes Thot, os homens já se curvavam ante os mistérios indevassados da morte. Todos conhecem as suas realidades terríveis. Alexandre tinha conhecimento de que, sob o seu látego impiedoso, teria de apodrecer, apesar da opulência da sua glória, da pompa de suas conquistas, tendo as suas cinzas nobres confundidas, talvez, com a poeira do último dos miseráveis.

No entanto se há essa vida no qual predominam a justiça e o amor, com o divino característico da eternidade esplendorosa, os homens estão absortos no Letes, afogados na carne para chorar e esquecer.

Os vivos são os vivos. Os mortos são os mortos. Toda a lógica da ciência humana está nessas frases curtas. Quando, porém, me entregava aos solilóquios do meu Espírito, que nunca se considerou um vencido, ouvi a voz solene dos gênios que velam por nós das regiões azuladas em que se elevam todas as nossas aspirações como fios de rosa e de ouro:

— Não desanimes, tu que vieste da luta insana na amargurada existência das provas! Leva aos teus irmãos que sofrem o lenitivo da tua mensagem!... Dize-lhes da Misericórdia de Deus e da suprema Justiça que rege os destinos! Se, na Terra, inúmeros Espíritos se perdem nos desfiladeiros do orgulho e da impiedade, lembra o microcosmo em que viveste, no qual os mais pesados tributos são pagos ao Céu, em súplicas e esperanças...

Energias novas infiltraram-se no meu ser.

Uma atração incoercível conduziu-me a Sebastianópolis, que faiscava. As luzes do dia arrancavam das suas praias uma paisagem fulgurante.

E gritei a todos, do alto do meu deslumbramento:

— Não me veem?... Eu estou vivendo sem a tutela de Espíritos malignos. Quase já não sou mais o homem carrancudo e triste, fechado na sua amargura de sofredor. É verdade que não poderei comparecer às reuniões de Espiritismo, como às sessões das quintas-feiras na Academia; mas a morte não aniquilou a minha vida. Penso, luto e sofro como dantes, crendo, porém, na eternidade luminosa!...

Ninguém, no entanto, me ouvia. Não pude fazer-me sentir nas avenidas ruidosas, regurgitando de transeuntes, parecendo-me, sob a influência das minhas impressões físicas, que estava prestes a ser esmagado pelos automóveis de luxo.

Na minha desilusão, porém, ouço uma voz humilde e saltitante:

— Olhem as mensagens de além-túmulo!... Mensagens de Humberto de Campos!...

Era a figura miúda do vendedor de jornais. Mãos generosas estendiam-lhe os seus níqueis, em troca da minha lembrança.

O seu mercado, nesse dia, foi certamente farto de compensações, porque um sorriso triunfante lhe aflorava nos lábios, enfeitando-lhe o corpo magrinho.

Bastou a tua alegria, oh! menino amargurado dos morros, que és o triste ornamento da Cidade Maravilhosa, para que eu me sentisse compensado de muitas labutas, porque, se os meus companheiros não me compreenderam no patrimônio rico da sua intelectualidade, tu tiveste nesse dia, em memória do meu humilde nome, um pouco de alegria, de conforto e de pão.

~ 8 ~
Do Além-túmulo

5 de agosto de 1935

Dizem que os fantasmas dos mortos têm preferência pelas sombras da noite, para trazerem aos vivos um reflexo esbatido do mistério em que se lhes fecharam os olhos. Em todos os lugares, conhece-se a história das almas aflitas, que, agrilhoadas ao mundo pelo pensamento obsidiante acerca dos que ficaram para trás, regressam dos orbes indevassados, onde quase todas as religiões colocaram o seu inferno e o seu Céu.

Eu não venho, nessa "hora que apavora", copiando as deliberações das "damas brancas", que surgem nas casas solarengas como abantesmas de luar e de neblina, contrastando com a pesada escuridão da meia-noite.

É até muito cedo para que um "morto" apareça, contrariando as opiniões gerais. Ainda há réstias de sol evadindo-se entre os arvoredos, como as rolas morenas e ariscas fugindo à noite cheia de sombras. Há uma grandiosa placidez na paisagem que se aquieta como ovelha mansa para ouvir a voz carinhosa do pastor. Vem aos olhos do meu pensamento aquele quadro de há dois mil anos. Quando o Cristo pregou o Sermão da Montanha, especificando as bem-aventuranças celestes, devia ser assim o crepúsculo. A mesma paz evangélica, os mesmos perfumes entornando-se da taça imensa do Céu, a mesma esperança florindo no coração atormentado dos homens, beduínos extenuados desses desertos. Um alvoroço suave de recordações me conduz ao passado...

É debalde, porém, essa tentativa de confinarmos a Palestina nas montanhas do sertão brasileiro. Se é verdade que os Espíritos sempre falaram sobre os pontos alcantilados da Terra, como no Sinai e no Tabor, nós não somos o divino Mestre. Há quem afirme que nós, os desencarnados, somos precursores, como João Batista. No entanto, ainda não encontrei aqui vivalma nessa situação especialíssima. Como os que hoje andam aí atribulados com o progresso, estamos longe da época messiânica, em que os homens puros, para viverem sob a guarda de Deus, nada mais precisavam que um cântaro de mel.

Não venho hoje porém, tecer considerações dentro da mística religiosa.

Venho para falar a quantos estranham as minhas palavras depois da morte, admirando-se de que eu não apareça clamando perdão e misericórdia, penitenciando-me dos mais nefandos pecados.

Desejariam que o Senhor derramasse sobre mim todas as suas cóleras sagradas; todas as torturas do Averno seriam poucas para consumir a minha alma. Os vermes que corroeram o corpo leproso do patriarca da *Bíblia* seriam, para as minhas culpas, como leves carícias. Meus tormentos de além-túmulo deveriam exceder os de Tântalo. E tudo porque andei espalhando umas anedotas lidas pelas consciências que, condenando-me hoje lá das suas sacristias, vivem pensando no Céu, sentindo na boca um gosto rubro de pecado.

São as almas imaculadas que se esqueceram das minhas feições humanas, olvidando que os palhaços também divertem o público para conquistar os vinténs negros da vida. Se existem aí os que se confortam no luxo dos seus automóveis, deslizando no asfalto das avenidas, outros, para baterem à porta de uma padaria, é preciso que hajam passado por meio de um picadeiro.

Já tive ocasião de afirmar que não encontrei o paraíso muçulmano.

Encontrei, nesse "outro mundo", a minha própria bagagem. Meus pensamentos, minhas obras, frutos dos meus labores, da minha regeneração no sofrimento. Sem estar na beatitude do Céu, não conheço igualmente a topografia do inferno. Os uivos de Cérbero[26] ainda não ecoaram aos meus ouvidos. O *nessun maggior dolore*,[27] que Dante escutou dos lábios de Francesca da Rimini, em sua peregrinação pelas masmorras do tormento, constituiu provavelmente um resultado da perturbação dos seus nervos auditivos, porque eu afirmo o contrário. Não há maior prazer que recordar, na paz daqui, as nossas dores na Terra.

E todos aqueles que vêm à ribalta, lamentando o meu relativo sossego, cuidem de conservar a sua pureza. A Terra é tão inçada de abismos que, às vezes, procurando olhar em excesso pelos que nos acompanham, costumamos cair neles.

Eu sou, de fato, grande culpado, não pelos meus esgares de caveira para arrancar o riso dos outros, mas diante da minha consciência, pela minha teimosia e incompreensão referentes aos problemas da verdade. Todavia, Deus é a misericórdia suprema

---

[26] N.E.: Na Grécia antiga, cão tricéfalo, guardião dos infernos.
[27] N.E.: *Nessun maggior dolore che ricordarsi del tempo felice nella miseria*, cuja tradução é: *Não há maior sofrimento do que recordar-se do tempo feliz na miséria.* Palavras que Dante (1265-1321) coloca nos lábios de Francesca da Rimini, que narra ao poeta suas desventuras (*Divina comédia*, Inferno, V, 121-123).

e, sem me acorrentar a colunas incandescentes, já prendeu meu coração de filho pródigo nas algemas suaves do seu amor.

9
Oh! Jerusalém!...
Jerusalém!...

11 de agosto de 1935

  É possível a estranheza dos que vivem na Terra, com respeito à atitude dos desencarnados, esmiuçando-lhes as questões e opinando sobre os problemas que os inquietam.
  É lógico, porém, que os recém-libertos do mundo falem mais com o seu cabedal de experiências do passado, do que com a sua ciência do presente, adquirida à custa de faculdades novas, que o homem não está ainda à altura de compreender.
  Podem imaginar-se, na Terra, determinadas condições da vida sobre a superfície de Marte; mas, que interessa, por enquanto, ao mundo semelhantes descobertas, se os enigmas que o assoberbam ainda não foram decifrados? Para o exilado da Terra, não vale a psicologia do homem desencarnado. Tateando na prisão escura da sua vida, seria quase um crime aumentar-lhe as preocupações

e ansiedades. Eu teria muitas coisas novas a dizer; todavia, apraz-me, com o objeto de me fazer compreendido, debruçar nas bordas do abismo em que andei vacilando, subjugado nos tormentos, perquirindo os seus logogrifos inextricáveis, para arrancar as lições da sua inutilidade.

Também o homem nada tolera que venha infringir o metro da sua rotina.

Presumindo-se rei da criação, não admite as verdades novas que esfacelam a sua coroa de argila.

Os mortos, para serem reconhecidos, deverão tanger a tecla da mesma vida que abandonaram.

Isso é intuitivo.

O jornalista, para alinhavar os argumentos da sua crônica, busca os noticiários, aproveita-se dos acontecimentos do dia, tirando a sua ilação das ocorrências do momento.

E meu Espírito volve a contemplar o espetáculo angustioso dessa Abissínia[28] abandonada no seio dos povos, como o derradeiro reduto da liberdade de uma raça infeliz, cobiçada pelo imperialismo do século, lembrando-me de Castro Alves nas suas amarguradas "Vozes d'África":

> *Deus, ó Deus, onde estás que não respondes?*
> *Em que mundo, em que estrela Tu te escondes,*
> *Embuçado nos céus?*
> *Há dois mil anos te mandei meu grito,*
> *Que embalde, desde então, corre o infinito.*
> *Onde estás, Senhor Deus?*

Da Roma poderosa partem as caravanas de guerreiros. Cartago agoniza no seu desgraçado heroísmo. Publius Cornelius consegue a mais estrondosa das vitórias. Os cérebros dos patrícios ilustres embriagam-se no vinho do triunfo; e nas galeras suntuosas,

---
[28] N.E.: Atual Etiópia.

na qual as águias simbolizam o orgulhoso poder da Roma eterna, lamentam-se os escravos nos seus nefandos martírios.

Os césares enchem a cidade das Sabinas de troféus e glórias. Todos os deuses são venerados. Os países são submetidos e os povos entoam o hino da obediência à senhora do mundo.

Já não se ouve a melodiosa flauta de Pan[29] nos bosques da Tessália, e nas margens do Nilo apagam-se as luzes dos mais suaves mistérios.

Vítima, porém, dos seus próprios excessos, o grande império vê apressar-se a sua decadência. No esboroamento dos séculos, a invencível potência dos césares é um montão de ruínas. Sobre os seus mármores suntuosos crescem as destruições.

Roma dormiu o seu grande sono.

Ei-la, contudo, que desperta.

Mussolini[30] deixa escapar um grito do seu peito de ferro, e a Roma antiga acorda do letargo, reconhecendo a perda dos seus imensos domínios.

Urge, porém, recuperar o poderio, empenhando-se em alargar o seu império colonial.

Onde e como?

O mundo está cheio de leis, de tratados de amparo recíproco entre as nações.

A França já ocupou todos os territórios ao alcance das suas possibilidades, a Alemanha está fortificada para as suas aventuras, o Japão tem as suas vistas sobre a China e a Inglaterra, calculista e poderosa, não pode ceder um milímetro no terreno das suas conquistas.

Roma, porém, quer a expansão da sua força econômica e prepara-se para roubar a derradeira ilusão de um povo desgraçado, ao qual não basta a lembrança amarga dos cativeiros

---

[29] N.E.: Instrumento musical.
[30] N.E.: Benito Amilcare Andrea Mussolini (1883–1945), político italiano que liderou o Partido Nacional Fascista.

multisseculares, julgando-se livre na obscura faixa de terra para onde recuou, batido pela crueldade das potências imperialistas.

Que mal fizeste à civilização corrompida dos brancos, ó pequena Abissínia, grande pela expressão resignada do teu ardente heroísmo?!

Como pudeste, das areias calcinantes do deserto, em que apuras o teu espírito de sacrifício, penetrar nas instituições europeias, provocando a fúria das suas armas?

Deixa que passem sob o teu sol de fogo as hordas de vândalos, sedentas de chacina e de sangue.

Sobre as tuas esperanças malbaratadas derramará o Senhor o perfume da sua misericórdia. Os humildes têm o seu dia de bem-aventurança e de glória.

Não importa sejas o joguete dos caprichos condenáveis dos teus verdugos, porque, sobre o mundo, todas as frontes orgulhosas desceram do pináculo da sua grandeza para o esterquilínio e para o pó.

Se tanto for preciso, recebe sobre os teus ombros a mortalha de sangue, porque, junto do maravilhoso império da civilização apodrecida dos brancos, ouve-se a voz lamentosa de um novo Jeremias:

— Oh! Jerusalém!... Jerusalém!...

~ 10 ~
Falando a Piratininga

18 de agosto de 1935

Tive ensejo de afirmar aí no mundo que, se algum dia conseguisse liquidar todo o meu débito para com a terra maranhense e o Senhor decidisse mergulhar meu Espírito no Letes[31] da carne, eu desejaria ser paulista ou baiano.

São Paulo e Bahia foram os dois braços fortes que me ampararam na provação. Minha dívida para com ambos é sagrada e irresgatável. Era do seio afetuoso da Bahia, terra mãe do Brasil, que me chegavam os brados de incitamento para a luta; e dos celeiros fartos e generosos de São Paulo vinha a maior parte do meu pão.

Em seu território vivem os meus melhores amigos e do santuário do seu afeto subiram para Deus, em favor do escritor

---

[31] N.E.: Segundo a mitologia grega, um dos cinco rios do Hades cujas águas tinham a propriedade de fazer com que as almas dos mortos que delas bebessem não mais se lembrassem do passado na Terra.

humilde e enfermo, as preces mais comovedoras e mais sinceras, as quais não lhe iluminaram apenas as estradas pedregosas da vida, mas constituíram igualmente uma lâmpada suave no seu caminho da morte.

Ignoro quando o Senhor resolverá o retorno do meu Espírito aos tormentos da Terra, mas quero, antes de meditar nos calabouços da carne, falar do reconhecimento do meu coração.

Todas as coisas do Brasil falam particularmente à nossa alma: Piratininga é, porém, o poema de ouro e de aço das energias do seu povo. Sua história, dentro da história da pátria, é uma afirmação gloriosa de heroísmo sagrado. O mesmo espírito de liberdade e de autonomia, que nos primórdios de sua organização lhe motivou o desejo de aureolar a fronte de Amador Bueno[32] com uma coroa de rei, emancipando-se da sua condição subalterna, trabalha hoje, como trabalhou no passado, para eternizar com o braço realizador a epopeia da sua grandeza.

Entre as energias moças da terra há um delírio contagioso de ação e de trabalho. O esforço carinhoso do homem une-se à exuberância da seiva e São Paulo desfralda, nas linhas vanguardeiras, o lábaro do seu progresso e das suas conquistas. Do conforto de suas cidades modernas eleva-se para o Céu a oração do labor que Deus escuta, premiando-lhe a operosidade com as alegrias da fartura.

E dizem que Anchieta,[33] ainda hoje, em companhia daqueles que lançaram a primeira pedra na base do glorioso edifício piratiningano, passeia, entre as bênçãos dos seus cafezais e das suas estradas, enviando sagrada exortação aos que pelejam. Ele, que soube aliar, no mundo, a energia do homem às virtudes do apóstolo, vê, do espaço infinito, a sublimidade da sua obra, e

---

[32] N.E.: Amador Bueno de Ribeira, um paulista que o povo aclamou rei em São Paulo.

[33] N.E.: José de Anchieta (1534–1597), padre jesuíta espanhol e um dos fundadores de São Paulo.

quando se aproxima das praias antigamente desertas e dos lugares na qual as florestas desapareceram, sob os milagres do progresso, as juritis morenas da terra fremem as asas de arminho, tecendo um pálio inesperado para cobrir a fronte do homem prodigioso que lhes levou a palavra do Evangelho.

Abençoam-no das alturas os indígenas redimidos pela sua fraterna solicitude, e, sob a proteção afetuosa das aves, Anchieta sorri, contemplando a sua Piratininga que trabalha e floresce.

Sempre me referi às coisas de São Paulo com o carinhoso enternecimento da minha admiração.

E agora, longe das perturbações a que nos submete a carne, infligindo-nos a mais amargosa das escravidões, posso apreciar melhormente as suas afirmações de grandeza. Tenho a visão nítida dos seus valorosos feitos, da enérgica projeção dos ideais da sua gente intrépida, cuja atividade se desdobra no ambiente da confraternização de todas as raças, fundindo-se no seu seio os mais enobrecedores sentimentos da fraternidade humana.

São Paulo de hoje é a bússola dos que hão de estudar amanhã a etnologia brasileira.

Ao lado dos seus numerosos institutos de civilização e cultura, Piratininga terá a sua "Sociedade de Estudos Psíquicos", como realidade nova do ideal espiritualista, que, arregimentando as fileiras dos estudiosos, se prepara a fim de constituir a luz da humanidade futura.

Abre-se, desse modo, no cenário da sua evolução, mais um centro de beneméritos, cuja ação não estará circunscrita à pesquisa científica, mas também ao levantamento do nível moral da sociedade, intensificando os elos da fraternidade cristã; porque os verdadeiros estudiosos sabem que, se a Ciência contemporânea não está falida, não pode, nas suas condições do momento, oferecer ao homem a chave das felicidades imortais.

A humanidade está faminta desse amor que só Deus pode outorgar.

Um frio terrível de desespero e desgraça sopra entre os homens, que se esqueceram da meditação e da prece. E a Ciência é a figura do Édipo eletrizado sob os fatalismos inelutáveis do destino. O erro dos que investigam é buscar a sabedoria sem preparar o coração, invertendo as determinações imperiosas da vida.

Piratininga está, pois, preparando o coração de seus filhos, e das suas arcas ricas e generosas se derramará muito pão espiritual para os celeiros empobrecidos.

Dos empórios da sua grandeza saíram no passado as bandeiras civilizadoras, rasgando o coração das selvas compactas e, na atualidade, novas bandeiras sairão, rompendo o cipoal da descrença em que os homens se emaranharam, para dizer a palavra da Verdade e do Amor. As suas armas de agora serão os ensinos do Evangelho, e o seu objetivo, a descoberta do filão do ouro espiritual.

Um júbilo inexprimível entorna-se do meu coração, dirigindo aos paulistas a minha palavra inexpressiva da tribuna da morte; e tomado de orgulhosa alegria, posso hoje exclamar:

— *Eu te agradeço, ó Senhor! Tão preciosos favores, porque, graças à Tua bondade, pude hoje falar com Paulo, no momento em que se entregava com valoroso desassombro à obra da imortalidade, que é a obra do Evangelho!...*

～ 11 ～
Coração de mãe

23 de agosto de 1935

Dolorosa e comovedora é a carta dessa mulher maranhense que te chegou às mãos, trazida sob as asas de um avião trepidante e ruidoso.

Mãe desesperada apela para os sentimentos de paternidade, que não me abandonaram no túmulo, e grita aflitivamente como se as suas letras tremidas fossem vestígios arroxeados do sangue do seu coração:

"Eu peço a Humberto de Campos que, mesmo do Além, salve o meu filho! Ele, que não se esqueceu dos que deixou na Terra, não pode negar uma esmola à minha alma de mãe extremosa!...".

E eu me lembro, comovido, dos apelos que me eram dirigidos pelos sofredores, nos derradeiros tempos da minha vida, enquanto eu naufragava devagarinho no veleiro da dor, entre as águas pesadas do oceano da morte.

Eu daria tudo para enviar, a essa mulher sofredora da terra que foi minha, a certeza de que o seu filho é uma criatura predileta dos deuses. Tudo faria para imitar aquelas mãos ternas e misericordiosas que descansaram sobre a fronte abatida do órfão da viúva de Naim, ressuscitando para um coração maravilhoso de mãe as energias do filho que padece sob as provações mais penosas.

A morte, porém, não afasta do nosso caminho a visão estranha da fatalidade e do destino. Há um determinismo no cenário das nossas existências, criado por nós mesmos. O mal, com o seu cortejo de horrores, não está dentro dessa corrente impetuosa e irrefreável, mas todos os seus elos são formados pelos sofrimentos.

Os homens de barro têm de batalhar a vida inteira, repelindo o crime e o pecado, mas inevitavelmente andarão atolados no pantanal da dor e da morte.

O que mais me pungia, depois de haver perquirido as lições dos sábios daí, era a inutilidade dos seus argumentos ante as determinações irrevogáveis do destino. Após haver atravessado as estradas da ignorância despretensiosa, no limiar do imenso palácio das experiências alheias, presumia encontrar a solução dos enigmas que confundem o cérebro humano. Em todas, porém, achei o mesmo tormento, as mesmas ansiedades angustiosas.

Frente a frente ao pulso inflexível da morte, toda a ciência do mundo é de uma insignificância irremediável. Nesse particular, todo o portentoso edifício da filosofia de Pitágoras[34] não valia mais que as extravagantes teorias doutrinárias propaladas no mundo.

Todos quantos laboram em favor do homem da Terra esbarram nos muros indevassáveis da sombra. O Cristo foi o único que espalhou, na masmorra da carne, uma claridade suave, porque não se dirigiu à criatura terrena, mas à criatura espiritual.

Assombrava-me o espetáculo pavoroso do mundo, em que as leis, liberalíssimas para a aristocracia do ouro e severas em face

---

[34] N.E.: Pitágoras de Samos (582 a.C.–496 a.C.), filósofo e matemático grego.

dos infortunados que palmilham o caminho espinhoso com os pés descalços e feridos, refletem o caráter humano com os seus incorrigíveis defeitos.

E, despertando de longos pesadelos na porta de claridade da sepultura, a minha primeira inquirição, com respeito aos problemas que me atormentavam, foi uma pergunta dolorosa acerca dos contrastes amargos do mundo. Ainda aqui, porém, os gênios carinhosos da sabedoria abençoam, e sorriem os que os interpelam, porque a decifração dos enigmas das nossas existências está em nós mesmos. Apesar do destino inflexível, há uma força em nós que dele independe, como origem de todas as nossas ações e pensamentos. Somos obreiros da trama caprichosa das nossas próprias vidas. As mãos que hoje cortam as felicidades alheias, amanhã se recolherão, como galhos ressequidos nas frondes verdes da vida. As iniquidades de um Herodes podem desaparecer sob o manto de renúncias de um Vicente de Paulo.[35] O sensualismo de Madalena foi expurgado nos prantos amargosos da expiação e do arrependimento. Quando pudermos ver o passado em todo o seu desdobramento, depois de contemplarmos a Messalina em sua noite de regalados prazeres, vê-la-emos de novo, arrastando-se nas margens do Tibre, enfiada num vestido horripilante de negras monstruosidades.

Faltou-me na vida terrena semelhante compreensão, para entender a Verdade.

Que essa pobre mãe maranhense considere esses realismos que nos edificam e nos salvam.

E, como um anjo de dor à cabeceira do seu filho, eleve o seu apelo ao coração augusto daquele que remove as montanhas com o sopro suave do seu amor. Sua oração subirá ao Infinito como um cálice de perfume, derramado ao clarão das estrelas que enfeitam o trono invisível do Altíssimo, e, certamente, os

---

[35] N.E.: Foi um dos grandes protagonistas da Reforma Católica na França do século XVII (1581–1660).

anjos da piedade e da doçura levarão a sua prece, como cândida oferta da sua alma sofredora, à magnanimidade daquela que foi a Rosa Mística de Nazaré. Então, nesse momento, talvez o coração angustiado da mãe que chora, na Terra, se ilumine de uma claridade estranha e misericordiosa. Seu lar desditoso e humilde será, por instantes, um altar dessa luz invisível para os olhos mortais. Duas mãos de névoa translúcida pousarão como açucenas sobre a sua alma oprimida e uma voz carinhosa, embaladora, murmurará aos seus ouvidos: "Sim, minha filha!... Ouvi a tua prece e vim suavizar o teu martírio, porque também tive um filho que morreu ignominiosamente na cruz".

~ 12 ~
O tête-à-tête *das sombras*

28 de agosto de 1935

Quando ainda no mundo, não me era dado avaliar o *tête-à-tête* amigável dos Espíritos, à maneira dos homens, apenas com a diferença de que as suas palestras não se desdobram à porta dos cafés ou das livrarias.

E é com surpresa que me reúno àqueles que estimo, quando se me apresentam oportunidades para uns dedos de prosa.

Estávamos nós, quatro almas desencarnadas, como se fôssemos no mundo quatro figuras apocalípticas, discutindo ainda as coisas mesquinhas da Terra, e a palestra versava justamente sobre a evolução das ideias espíritas no Brasil.

— Infelizmente — exclama um do grupo, provecta figura dessa Doutrina, desencarnado há bons anos no Rio de Janeiro —, o que infesta o Espiritismo em nossa terra é o mau gosto pelas discussões estéreis. O nosso trabalho é contínuo para que muitos confrades não se engalfinhem pela imprensa, demonstrando-lhes, com lições indiretas, a inutilidade das suas polêmicas. Mesmo assim, a Doutrina tem realizado muito. Suas obras de caridade cristã estão multiplicadas por toda parte, atestando o labor do Evangelho.

Foi lembrada, então, a figura respeitável de Bittencourt Sampaio,[36] no princípio da organização espírita no país, recordando-se igualmente a covardia de alguns companheiros que, guindados a prestigiosas posições na sociedade e na política, depressa esqueceram o seu entusiasmo de crentes, bandeando-se para o oportunismo das ideologias novas.

Ia a conversação nessa altura, quando o doutor C..., um dos mais caridosos facultativos do Rio, recentemente desencarnado e cujo nome não devo mencionar, respeitando os preconceitos que se estendem às vezes até aqui, explicou:

— É pena que venhamos a compreender tão tarde o Espiritismo, reconhecendo a sua lógica e grandeza moral só depois do nosso regresso do mundo.

"Nós, os médicos, temos sempre o cérebro trabalhado de canseiras, na impossibilidade de resolver o problema da sobrevivência. É certo que nunca se encontrará o ser na autópsia de um cadáver, mas, tudo na vida é uma vibração profunda de espiritualidade. Como, porém, a Ciência vigia as suas conquistas do passado, ciosa dos seus domínios, ainda que sejamos inclinados às verdades novas, somos obrigados, muitas vezes, a nos retrair, temendo os Zaratustras da sua infalibilidade.

"Eu mesmo, nos meus tempos de clínica no Rio de Janeiro, fui testemunha de casos extraordinários, desenrolados sob as minhas vistas. Todavia, fui também presa do comodismo e do preconceito."

---

[36] N.E: Francisco Leite de Bittencourt Sampaio (1934–1895) foi diretor da Biblioteca Nacional e membro fundador da Sociedade de Estudos Espíritas Deus, Cristo e Caridade (RJ, 1876), mais tarde denominada Sociedade Acadêmica Deus, Cristo e Caridade (1879).

E o Dr. C..., como se mergulhasse os olhos no abismo das coisas que passaram, continuou pausadamente:

— Eu já me encontrava com residência na praia de Botafogo, quando lavrou na cidade um surto epidêmico de gripe, aliás, com mínima repercussão, comparado à epidemia que ocorreu após a guerra. E como sempre contava, entre aqueles que recorriam à minha atividade profissional, diversos amigos pobres dos morros e particularmente da Prainha, foi sem surpresa que, numa noite fria e nevoenta, abri a porta para receber a visita de uma garota de seus dez anos, humilde e descalça, que vinha, trêmula e acanhada, solicitar os meus serviços.

"'Doutor' — dizia ela —, 'a mamãe está muito mal e só o senhor pode salvá-la... Quer fazer a caridade de vir comigo?'

"Impressionaram-me a sua graça infantil e o estranho fulgor dos olhos, bem como o sorriso melancólico que lhe brincava na boca miúda.

"Considerei tudo quanto esperava a minha atenção urgente e procurei convencê-la da impossibilidade de a seguir, prometendo atendê-la no dia imediato. Todavia, a minha pequena interlocutora exclamou com os olhos rasos de água:

"'Oh! doutor, não nos abandone. Ninguém, a não ser a proteção de Deus, vela por nós neste mundo. Se o senhor não quiser nos auxiliar, a mamãe estará perdida e ela não pode morrer agora. Venha!... O senhor não teve também uma mãe que foi o anjo de sua vida?'

"A última frase dessa menina tocou fundo o meu coração e lembrei-me dos tempos longínquos, em que minha mãe embalava os sonhos da minha existência, comprando-me com o suor da sua pobreza honesta os alfarrábios e o pão.

"Eu devia auxiliar aquela pequena, fosse onde fosse. A Medicina era o meu sacerdócio e dentro da noite chuvosa que amortalhava todas as coisas, como se o Céu invisível chorasse sobre as trevas do mundo, o táxi rolava conosco, como fantasma barulhento, atravessando as ruas alagadas e desertas. Aquela menina, triste e silenciosa, tinha os olhos brilhantes, perdidos no vácuo. Seu corpo magrinho recostava-se inteiramente nas almofadas, enquanto os pés minúsculos se escondiam nas franjas do tapete. Lembrando as suas frases significativas, quis reatar o fio do nosso diálogo: 'Há muito tempo que sua mãe se acha doente?'

"'Não, senhor. Primeiro, fui eu; quando estive mal, tanto a mamãe cuidou de mim, que até caiu cansada e enferma, também.'

"'Que sente a sua mãe?'

"'Muita febre. As noites são passadas sem dormir. Às vezes, grito para os vizinhos, mas parece que não me ouvem, pois estamos sempre as duas isoladas... Costumamos chorar muito com esse abandono; mas, diz a mamãe que a gente precisa sofrer, entregando a Deus o coração.'

"'E como soube você aonde moro?'

"'Foi a visita de um homem que eu não conhecia. Chegou devagarinho à nossa porta, chamando-me à rua, dizendo-se amigo que o senhor muito estima; e, ensinando-me a sua casa, prometeu que o senhor me atenderia, porque também havia tido uma mãe boa e carinhosa.'

"Nosso diálogo foi interrompido. A pequena enigmática mandou parar o carro. Apontou o local de sua residência, estendendo a mão descarnada e miúda e, com poucos passos, batíamos à porta modesta de uma choupana miserável.

"'Espere, doutor' — disse ela —, 'eu lhe abrirei a porta passando pelos fundos.'

"E, já inquieta, desembaraçada, desapareceu sob as minhas vistas. Uma taramela deslizou com cuidado, no meio da noite, e entrei no casebre. Uma lamparina bruxuleante e humilde, que iluminava a saleta com o seu clarão pálido, deixava ver, no catre limpo, um corpo de mulher, desfigurado e disforme. Seu rosto, sulcado de lágrimas, era o atestado vivo das mais cruéis privações e dificuldades. Níobe estava ali petrificada na sua dor. Todos os martírios se concentravam naquele pardieiro abandonado. Às minhas primeiras perguntas, respondeu numa voz suave e débil:

"'Não, doutor, não tente arrancar minha alma desesperada das garras da morte! Nunca precisei tanto, como agora, deixar para sempre o calabouço da vida.'

"E prosseguia, delirando: 'Nada me resta... Deixem-me morrer!...'

"Sobrepus, porém, minha voz às suas lamentações e exclamei com energia:

"Minha senhora, vou tomar todas as providências que o seu caso está exigindo. Hoje mesmo cessará esse desamparo. Urge reanimar-se! Resta-lhe muita coisa no mundo, resta-lhe essa filha afetuosa, que espera o seu carinho de mãe extremosa!...

"'Minha filha?' — retrucou aquela criatura, meio-mulher e meio-cadáver, — duas grossas lágrimas feriram fundo as suas faces empalidecidas — 'minha filha está morta desde anteontem!... Olhe, doutor, aí no quarto e não procure devolver a saúde a quem tanto necessita morrer!...'

"Então, espantado, passei ao apartamento contíguo. O corpo de cera daquela criança misteriosa, que me chamara nas sombras da noite, ali estava envolvido em panos pobres e claros. Seu rosto imóvel, de boneca magrinha, era um retrato da privação e da fome. Os grandes olhos fulgurantes estavam agora fechados, e na boca miúda pairava o mesmo sorriso suave das almas resignadas e tristes.

"Eu deslizara nas avenidas com uma sombra dos mortos."

E, cobrindo melancolicamente o painel das suas lembranças, o nosso amigo terminou:

— Decorridos tantos anos, ainda ouço a voz do fantasma pequenino e gracioso; e, na luta da vida, muita vez me ocorreu o seu conselho suave, que me ensinou a sofrer, entregando a Deus o coração.

13
No Dia da Pátria

7 de setembro de 1935

O Brasil celebra hoje o seu Dia da Pátria. As bandeiras ouro e verde serão desfraldadas aos quatro ventos. Nas grandes cidades, serão ouvidos os ecos dos clarins, nas paradas militares, e uma vibração de entusiasmo percorrerá o coração dos patriotas.

Sei também que muitas personalidades desencarnadas, que antigamente pelejaram pela organização da nacionalidade, hoje se voltam para São Sebastião do Rio de Janeiro, onde pretendem participar das cerimônias comemorativas; muitos dos chefes Tapuias e Tupis, legítimos donos da terra conquistada pelos portugueses, ainda no espaço não desdenharão igualmente de passear os olhos pelo cenário das suas passadas existências, recordando hoje as suas tabas solitárias, os seus costumes, que os brancos perverteram, a imensidade das selvas e as belezas melancólicas das suas praias desertas.

Todavia, lembrando Paicolás, reconhecerão alguns benefícios de sua influência, ao lado de seus inumeráveis defeitos.

Hão de contemplar, enlevados, a Avenida Central, a Avenida Atlântica, a praia de Copacabana, o Russel, o Leblon, as obras de saneamento e o casario imenso da Cidade Maravilhosa, derramando-se pelos vales, pelas serras e planícies, numa alucinação de progresso vertiginoso.

Os homens e os Espíritos desencarnados se reunirão, celebrando a data festiva.

Essas solenidades são sempre lindas e alegres, quando encaradas dentro da sua formosa significação.

As pátrias devem ser as casas imensas das famílias enormes. Unidas fraternalmente, realizariam o sonho da Canaã das Escrituras, na face da Terra. Contudo, quanto mais avançou a civilização nas suas estradas, mais o conceito de pátria foi viciado na essência da sua legítima expressão.

O progresso científico eliminou quase todos os problemas da incomunicabilidade. A radiotelefonia fez do planeta uma sala minúscula, em que os países conversam, como as pessoas. Os paquetes para as viagens transoceânicas são cidades flutuantes, como hifens gigantescos, unindo os povos. As máquinas aéreas, aperfeiçoadas e admiravelmente dispostas, sulcam os ares, devorando as distâncias. Por toda parte, rasgam-se estradas. Há uma ânsia de comunhão em todas as coisas. Tudo tende a unir-se, aproximando-se.

Entretanto, nunca as pátrias estiveram tão afastadas umas das outras, como agora. Jamais se fez uma apologia tão grande da política de isolamento. As pátrias andam esquecidas de que a existência depende de trocas incessantes. Os maiores desequilíbrios financeiros e econômicos são infligidos às nações, no seu egoísmo coletivo.

Deslumbrada, num período esplendoroso de sua evolução, e sentindo-se no limiar de transformações radicais em todos os setores de sua atividade, a sociedade humana escuta a voz dos seus gênios e dos seus apóstolos, desejando eliminar as fronteiras de todos os matizes que separam os seus membros, fundindo-se nesse abraço de unidade que ela começa a compreender. A política, porém, representa o passado multimilenário. Os governos se concentram à base da força e o antagonismo que impera entre todos os elementos da atualidade apresenta um espetáculo interessantíssimo. Todos os pactos de paz são mentirosos. Haverá maior contradição que a de um instituto de paz, que deve ser pura e espontânea, guardado por exércitos armados até os dentes?

Em todos os sistemas políticos dos tempos modernos, predominam apenas os pruridos da hegemonia internacional. Em virtude de semelhantes disparates, a guerra é inevitável. Não haverá confabulações diplomáticas que a eliminem, por enquanto, do caminho dos homens. E a guerra de agora será mais dolorosa e terrível. Todas as conquistas da Ciência serão mobilizadas a seu serviço. A Bacteriologia, a Eletricidade, a Mecânica, a Química, todos os elementos serão requeridos pelo polvo insaciável.

Deus criou a paz, o amor, a fraternidade, mas os homens criaram os seus próprios destinos. Confundidos no labirinto de suas maldades, só têm podido iluminar os caminhos da vida com os fachos incendiados da morte.

Na atualidade, a guerra das pátrias representa a guerra dos sentimentos; porque uma era nova, de fraternidade cristã, desabrochará nos horizontes do mundo. Todos os Espíritos falam nessa renovação e ela aparecerá, clareando o dia novo da humanidade.

Nessa época de ouro espiritual, que talvez não venha longe, o mundo entenderá a mensagem de paz do divino Cordeiro. Uma brisa suave de conforto e de alívio descerá do Céu sobre as frontes atormentadas das criaturas. Terminará o dilúvio de expiações em que o homem há séculos está envolvido, e um pássaro simbólico trará novamente a oliva da esperança.

E o Brasil, ainda que com sacrifícios ingentes, vem colaborando na disseminação da mensagem da imortalidade e da esperança, nessa era nova entoará, com as nações irmanadas, o hino da paz, compreendendo, pela evolução moral dos seus filhos, a beleza maravilhosa da Pátria universal.

~ 14 ~
Um cético

13 de dezembro de 1935

Ainda não me encontro bastante desapegado desse mundo, para que não me sentisse tentado a voltar a ele, no dia que assinalou o meu desprendimento da carcaça de ossos.

Se o vinte e cinco de outubro marcou o meu ingresso no reino das sombras, que é a vida daí, o cinco de dezembro representou a minha volta ao país de claridades benditas, cujas portas de ouro são escancaradas pelas mãos poderosas da morte.

Nessa noite, o ambiente no cemitério de São João Batista parecia sufocante. Havia um "quê" de mistérios, entre as catacumbas silenciosas, que me enervava, apesar da ausência dos nervos tangíveis no meu corpo estranho de Espírito. Todavia, toquei as flores cariciosas que a saudade me levara, piedosa e compungidamente. Seu aroma penetrava meu coração como um consolo brando, conduzindo-me, num retrospecto maravilhoso, às minhas afeições comovidas, que haviam ficado a distância.

E foi entregue a essas cogitações, a que são levados os mortos quando penetram o mundo dos vivos, que vi, acocorado sobre a terra, um dos companheiros que me ficavam próximos ao bangalô subterrâneo com que fui mimoseado na terra carioca.

— O senhor é o dono desses ossos que estão por aí apodrecendo? — interpelou-me.

— Sim, e a que vem a sua pergunta?

— Ora, é que me lembro do dia da sua chegada ao seu palacete subterrâneo. Recordo-me bem, apesar de sair pouco dessa toca a qual fui relegado há mais de trinta anos... O senhor se lembra? A urna funerária, portadora dos seus despojos, saiu solenemente da Academia de Letras; altas personalidades da política dominante se fizeram representar nas suas exéquias e ouvi sentidos panegíricos pronunciados em sua homenagem. Muito trabalho tiveram as máquinas fotográficas na camaradagem dos homens da imprensa e tudo fazia sobressair a imponência do seu nome ilustre. Procurei aproximar-me e notei que as suas mãos, que tanto haviam acariciado o espadim acadêmico, estavam inermes; os seus miolos, que tanto haviam vibrado, tentando aprofundar os problemas humanos, estavam reduzidos a um punhado de massa informe, no qual apenas os vermes encontrariam algo de útil. Entretanto, embora as homenagens, as honrarias, a celebridade, o senhor veio humildemente repousar entre as tíbias e os úmeros daqueles que o antecederam na jornada da morte. Lembra-se o senhor de tudo isso?

— Não me lembro bem... Tinha o meu Espírito perturbado pelas dores e emoções sucessivas.

— Pois eu me lembro de tudo. Daqui, quase nunca me afasto, como um olho de Argos, avivando a memória dos meus vizinhos. O senhor conhece as criptas de Palermo?

— Não.

— Pois nessa cidade os monges, um dia, conjugando a piedade com o interesse, inventaram um cemitério bizarro. Os mortos eram mumificados e não baixavam à sepultura. Prosseguiam de pé a sua jornada de silêncio e de mudez espantosa. Milhares de esqueletos ali ficaram em marcha, vestidos ao seu tempo, segundo os seus gostos e opiniões. Muito rumor causou essa parada de caveiras e de canelas, até que um dia um inspetor da higiene, visitando essa casa de sombras da vida, enojado com a presença dos ratos que roíam displicentemente as costelas dos trespassados ricos e ilustres, que se davam ao gosto de comprar ali um lugar de descanso, mandou cerrar-lhe as portas pelo ministro Crispi, em 1888. Ora, bem: eu sou uma espécie dos defuntos de Palermo. Aqui estou sempre de pé, apesar de os meus ossos estarem dissolvidos na terra, no qual se encontraram com os ossos dos que foram meus inimigos.

— A vida é assim — disse-lhe eu —, mas por que se dá o amigo a essa inglória tarefa, na solidão em que se martiriza? Não teria vindo do orbe com bastante fé, ou com alguma credencial que o recomendasse a este mundo cujas fileiras agora integramos?

— Credenciais? Trouxe muitas. Além da honorabilidade de velho político do Rio de Janeiro, trazia as insígnias da minha fé católica, apostólica, romana. Morri com todos os sacramentos da Igreja; porém apesar das palavras sacramentais da liturgia e das felicitações dos hissopes, não encontrei vivalma que me buscasse para o caminho do Céu, ou mesmo do inferno. Na minha condição de defunto incompreendido, procurei os templos católicos, que certamente estavam na obrigação de me esclarecer. Contudo, depressa me convenci da inutilidade do meu esforço. As igrejas estão cheias de mistificações. Se Jesus voltasse agora ao mundo, não poderia tomar um átomo de tempo pregando as virtudes cristãs, à base luminosa da humildade. Teria de tomar, incontinenti, ao regressar a este mundo, um látego de fogo e trabalhar anos a fio no saneamento da sua casa. Os vendilhões estão muito multiplicados e a época não comporta mais o Sermão da Montanha. O que se faz necessário no tempo atual, e no tocante a esse problema, é a creolina de que falava Guerra Junqueiro nas suas blasfêmias.

— Mas o irmão está muito cético. É preciso esperança e crença...

— Esperança e crença? Não acredito que elas salvem o mundo, com essa geração de condenados. Parece que maldições infinitas perseguem a moderna civilização. Os homens falam de fé e religião, dentro do esnobismo e da elegância da época. A religião é para uso externo, perdendo-se o Espírito nas materialidades do século. As criaturas parecem muito satisfeitas sob a tutela estranha do diabo. O nome de Deus, na atualidade, não deve ser evocado senão como máscara, para que os enigmas do demônio sejam resolvidos.

"Não estamos nós aqui, dentro da terra da Guanabara, paraíso dos turistas, Cidade Maravilhosa? Percorra o senhor, ainda depois de morto, as grandes avenidas, as artérias gigantescas da capital e verá as crianças famintas, as mãos nauseantes dos hansenianos os rostos desfigurados e pálidos das mães sofredoras, enquanto o governo remodela os teatros, incentiva as orgias carnavalescas e multiplica regalos e distrações. Vá ver como o câncer devora os corpos enfermos no hospital da Gamboa; ande pelos morros, para onde fugiu a miséria e o infortúnio; visite os hospícios e leprosários. Há de se convencer da inutilidade de todo serviço em favor da esperança e da crença. Em matéria de religião, tente materializar-se e corra aos prédios elegantes e aos bangalôs adoráveis de Copacabana e do Leblon, suba a Petrópolis e grite a verdade! O seu fantasma seria corrido a pedradas. Todos os homens sabem que hão de chocalhar os ossos, como nós, algum dia; mas, um vinho diabólico envenenou no berço essa geração de infelizes e de descrentes."

— Por que o amigo não tenta o Espiritismo? Essa Doutrina representa hoje toda a nossa esperança.

— Já o fiz. É verdade que não compareci a uma reunião de sabedores da Doutrina, conhecedores do terreno que perquiriam, mas, estive numa assembleia de adeptos e procurei falar-lhes dos grandes problemas da existência das almas. Exprobrei os meus erros do passado, penitenciando-me das minhas culpas para escarmentá-los; mostrei-lhes as vantagens da prática do bem, como base única para encontrarmos a senda da felicidade, relatando-lhes a verdade terrível, na qual me achei um dia, com os ossos confundidos com os ossos dos miseráveis. Todavia, um dos componentes da reunião interpelou-me a respeito das suas tricas domésticas, acrescentando uma pergunta quanto à marcha dos seus negócios.

"Desiludi-me.

"Não tentarei coisa alguma. Desde que temos vida depois da morte, prefiro esperar a hora do juízo final, hora essa em que deverei buscar um outro mundo, porque, com respeito à Terra, não quero chafurdar-me na sua lama. Por estranho paradoxo, vivo depois da morte, serei adepto da congregação dos descrentes..."

— Então, nada o convence?

— Nada. Ficarei aqui até a consumação dos evos, se a mão do diabo não se lembrar de me arrancar dessa toca de ossos moídos e cinzas asquerosas. E, quanto ao senhor, não procure afastar-me desta misantropia. Continue gritando para o mundo que lhe guarda os despojos. Eu não o farei.

E a singular personagem recolheu-se à escuridão do seu canto imundo, enquanto pesava no meu Espírito a certeza dolorosa da existência dessas almas vazias e incompreendidas, na parada eterna dos túmulos silenciosos, para onde os vivos levam, de vez em quando, as flores perfumadas da sua saudade e da sua afeição.

~ 15 ~
A ordem do Mestre

20 de dezembro de 1935

Avizinhando-se o Natal, havia também no Céu um rebuliço de alegrias suaves. Os anjos acendiam estrelas nos cômoros de neblinas douradas e vibravam no ar as harmonias misteriosas que encheram um dia, de encantadora suavidade, a noite de Belém. Os pastores do paraíso cantavam e, enquanto as harpas divinas tangiam suas cordas sob o esforço caricioso dos zéfiros[37] da imensidade, o Senhor chamou o Discípulo bem-amado ao seu trono de jasmins matizado de estrelas.

O vidente de Patmos não trazia o estigma da decrepitude, como nos seus últimos dias entre os Espórades.[38] Na sua fisionomia pairava aquela mesma candura adolescente que o caracterizava no princípio do apostolado.

---

[37] N.E.: Vento brando e agradável; aragem.
[38] N.E.: Arquipélago no norte do mar Egeu.

— João — disse-lhe o Mestre —, lembras-te do meu aparecimento na Terra?

— Recordo-me, Senhor. Foi no ano 749 da era romana, apesar da arbitrariedade de frei Dionísio, que, calculando no século VI da era cristã, colocou erradamente o vosso natalício em 754.

— Não, meu João — retornou docemente o Senhor —, não é a questão cronológica que me interessa, ao te arguir sobre o passado. É que nessas suaves comemorações vem até mim o doce murmúrio das lembranças!...

— Ah! sim, Mestre amado — retrucou pressuroso o discípulo —, compreendo-vos. Falais da significação moral do acontecimento. Oh!... se me lembro... A manjedoura, a estrela guiando os poderosos ao estábulo humilde, os cânticos harmoniosos dos pastores, a alegria ressoante dos inocentes, afigurando-se-nos que os animais vos compreendiam mais que os homens, aos quais ofertáveis a lição da humildade, com o tesouro da fé e da esperança. Naquela noite divina, todas as potências angélicas do paraíso se inclinaram para a Terra cheia de gemidos e de amargura, por exaltar a mansidão e a piedade do Cordeiro. Uma promessa de paz desabrochava para todas as coisas, com o vosso aparecimento no mundo. Estabelecera-se um noivado meigo entre a Terra e o Céu e recordo-me do júbilo com que vossa mãe vos recebeu nos seus braços, feitos de amor e de misericórdia. Dir-se-ia, Mestre, que as abelhas de ouro do paraíso fabricaram, naquela noite de aromas e de radiosidades indefiníveis, um mel divino no coração piedoso de Maria!...

"Retrocedendo no tempo, meu Senhor bem-amado, vejo o transcurso da vossa infância, sentindo o martírio de que fostes objeto; o extermínio das crianças da vossa idade, a fuga nos braços carinhosos de vossa progenitora,[39] os trabalhos manuais em companhia de José, as vossas visões maravilhosas no Infinito, em

---

[39] N.E.: Aquela que dá ou deu origem a um outro indivíduo; a mãe, a genitora.

comunhão constante com o vosso e nosso Pai, preparando-vos para o desempenho da missão única que vos fez abandonar, por alguns momentos, os palácios de sol da mansão celestial, a fim de descer sobre as lamas da Terra..."

— Sim, meu João, e, por falar nos meus deveres: como seguem no mundo as coisas atinentes à minha Doutrina?

— Vão mal, meu Senhor. Desde o concílio ecumênico de Niceia, efetuado para combater o cisma de Ário em 325, as vossas verdades são deturpadas. Ao arianismo seguiu-se o movimento dos iconoclastas, em 787; e tanto contrariaram os homens o vosso ensinamento de pureza e de simplicidade, que eles próprios nunca mais se entenderam na interpretação dos textos evangélicos.

— Mas, não te recordas, João, que a minha Doutrina era sempre acessível a todos os entendimentos? Deixei aos homens a lição do Caminho, da Verdade e da Vida, sem lhes haver escrito uma só palavra.

— Tudo isso é verdade, Senhor, mas, logo que regressastes aos vossos impérios resplandecentes, reconhecemos a necessidade de legar à posteridade os vossos ensinamentos. Os evangelhos constituem a vossa biografia na Terra; contudo, os homens não dispensam, em suas atividades, o véu da matéria e do símbolo. A todas as coisas puras da Espiritualidade adicionam a extravagância de suas concepções. Nem nós e nem os Evangelhos poderíamos escapar. Em diversas basílicas de Ravenna e de Roma, Mateus é representado por um jovem; Marcos por um leão; Lucas por um touro e eu, Senhor, estou ali sob o símbolo estranho de uma águia.

— E os meus representantes, João, que fazem eles?

— Mestre, envergonho-me de o dizer. Andam quase todos mergulhados nos interesses da vida material. Em sua maioria, aproveitam-se das oportunidades para explorar o vosso nome e, quando se voltam para o campo religioso, é quase que apenas para se condenarem uns aos outros, esquecendo-se de que lhes ensinastes a se amarem como irmãos.

— As discussões e os símbolos, meu querido — disse-lhe suavemente o Mestre —, não me impressionam tanto. Tiveste, como eu, necessidade destes últimos para as predicações e, sobre a luta das ideias, não te lembras quanta autoridade fui obrigado a despender, mesmo depois da minha volta da Terra, para que Pedro e Paulo não se tornassem inimigos? Se entre os meus apóstolos prevaleciam semelhantes desuniões, como poderíamos eliminá-las do ambiente dos homens, que não me viram, sempre inquietos nas suas indagações?... O que me contrista é o apego dos meus missionários aos prazeres fugitivos do mundo!...

— É verdade, Senhor.

— Qual o núcleo da minha Doutrina que detém, no momento, maior força de expansão?

— É o departamento dos bispos romanos, que se recolheram dentro de uma organização admirável pela sua disciplina, mas altamente perniciosa pelos seus desvios da Verdade. O Vaticano, Senhor, que não conheceis, é um amontoado suntuoso das riquezas das traças e dos vermes da Terra. Dos seus palácios confortáveis e maravilhosos irradia-se todo um movimento de escravização das consciências. Enquanto vós não tínheis uma pedra em que repousar a cabeça dolorida, os vossos representantes dormem a sua sesta sobre almofadas de veludo e ouro; enquanto trazíeis os pés macerados nas pedras do caminho escabroso, quem se inculca como vosso embaixador traz a vossa imagem nas sandálias matizadas de pérolas e brilhantes. E junto de semelhantes superfluidades e absurdos, surpreendemos os pobres chorando de cansaço e de fome; ao lado do luxo nababesco das basílicas suntuosas, erigidas no mundo como um insulto à glória da vossa humildade e do vosso amor, choram as crianças desamparadas, os mesmos pequeninos a quem estendíeis os braços compassivos e misericordiosos. Enquanto sobram as lágrimas e os soluços entre os infortunados, nos templos, onde se cultua a vossa memória, transbordam moedas a mancheias, parecendo, com amarga ironia, que o dinheiro é uma defecação do demônio no chão acolhedor da vossa Casa.

— Então, meu discípulo, não poderemos alimentar nenhuma esperança?

— Infelizmente, Senhor, é preciso que nos desenganemos. Por um estranho contraste, há mais ateus benquistos no Céu, do que aqueles religiosos que falam em vosso nome na Terra.

— Entretanto — sussurraram os lábios divinos, docemente —, consagro o mesmo amor à humanidade sofredora. Não obstante a negativa dos filósofos, as ousadias da Ciência, o apodo[40] dos ingratos, a minha piedade é inalterável... Que sugeres, meu João, para solucionar tão amargo problema?

— Já não dissestes um dia, Mestre, que cada qual tomasse a sua cruz e vos seguisse?

— Mas prometi ao mundo um Consolador em tempo oportuno!...

E, os olhos claros e límpidos, postos na visão piedosa do amor de seu Pai celestial, Jesus exclamou:

— Se os vivos nos traíram, meu discípulo bem-amado, se traficam com o objeto sagrado da nossa Casa, profligando a fraternidade e o amor, mandarei que os mortos falem na Terra em meu nome. Deste Natal em diante, meu João, descerrarás mais um fragmento dos véus misteriosos que cobrem a noite triste dos túmulos, para que a Verdade ressurja das mansões silenciosas da morte. Os que voltaram pelos caminhos ermos das sepulturas retornarão à Terra, para difundirem a minha mensagem, levando aos que sofrem, com a esperança posta no Céu, as claridades benditas do meu amor!...

E desde essa hora memorável, há mais de cinquenta anos, o Espiritismo veio com as suas lições prestigiosas felicitar e amparar na Terra a todas as criaturas.

---

[40] N.E.: Gracejo, zombaria.

~ 16 ~
A passagem de Richet[41]

21 de janeiro de 1936

O Senhor tomou lugar no tribunal da sua justiça e, examinando os documentos que se referiam às atividades das personalidades eminentes sobre a Terra, chamou o anjo da morte, exclamando:

— Nos meados do século findo partiram daqui diversos servidores da Ciência, que prometeram trabalhar em meu nome, no orbe terráqueo, levantando o moral dos homens e suavizando-lhes as lutas. Alguns já regressaram, enobrecidos nas ações dignificadoras, desse mundo longínquo. Outros, porém, desviaram-se dos seus deveres, e outros ainda lá permanecem no turbilhão das dúvidas e das descrenças, laborando no estudo.

"Lembras-te daquele que era aqui um inquieto investigador, com as suas análises incessantes, e que se comprometeu a servir aos ideais da imortalidade, adquirindo a fé que sempre lhe faltou?"

---

[41] N.E.: Charles Richet (1850–1935), médico fisiologista francês, metapsiquista, também era aviador, escritor etc.

— Senhor, aludis a Charles Richet, reencarnado em Paris, em 1850, e que escolheu uma notabilidade da Medicina para lhe servir de pai?

— Justamente. Pelas notícias dos meus emissários, apesar da sua sinceridade e da sua nobreza, Richet não conseguiu adquirir os elementos de religiosidade que fora buscar, em favor do seu próximo. Tens conhecimento dos favores que o Céu lhe há adjudicado no transcurso da sua existência?

— Tenho, Senhor. Todos os vossos mensageiros lhe cercaram a inteligência e a honestidade com o halo da vossa sabedoria. Desde os primórdios das suas lutas na Terra, os gênios da imensidade o rodeiam com o sopro divino de suas inspirações. Dessa assistência constante lhe nasceram os poderes intelectuais, tão cedo revelados no mundo. Sua passagem pelas academias da Terra, que serviu para excitar a potência vibratória da sua mente, em favor da ressurreição do seu tesouro de conhecimentos, foi acompanhada pelos vossos emissários com especial carinho. Ainda na mocidade, lecionou na Faculdade de Medicina, obtendo a cadeira de Fisiologia. Nesse tempo, já seu nome, com o vosso auxílio, estava cercado de admiração e respeito. As suas produções granjearam-lhe a veneração e a simpatia dos contemporâneos. De 1877 a 1884, publicou estudos notáveis sobre a circulação do sangue, sobre a sensibilidade, sobre a estrutura das circunvoluções cerebrais, sobre a fisiologia dos músculos e dos nervos, perquirindo os problemas graves do ser, investigando no círculo de todas as atividades humanas, conquistando para o seu nome a admiração universal.

— E em matéria de Espiritualidade — replicou austeramente o Senhor —, que lhe deram os meus emissários e de que forma retribuiu o seu Espírito a essas dádivas?

— Nesse particular — exclamou solícito o Anjo —, muito lhe foi dado. Quando deixastes cair, mais intensamente, a vossa luz sobre os mistérios que me envolvem, ele foi dos primeiros a receber-lhe os raios fulgurantes. Em Carqueiranne, em Milão e na ilha Roubaud, muitas claridades o bafejaram junto de Eusapia Palladino,[42] quando seu gênio se entregava a observações positivas com os seus colegas Lodge,[43] Myers[44] e Sidgwick.[45] De outras vezes, com Delanne,[46] analisou as célebres experiências de Angel,[47] que revolucionaram os ambientes intelectuais e materialistas da França, que então representava o cérebro da civilização ocidental.

"Todos os portadores das vossas graças levaram as sementes da Verdade à sua poderosa organização psíquica, apelando para o seu coração, a fim de que ele afirmasse as realidades da sobrevivência; povoaram-lhe as noites de severas meditações, com as imagens maravilhosas das vossas verdades, porém, apenas conseguiram que ele escrevesse o Tratado de Metapsíquica e um estudo proveitoso, a favor da concórdia humana, que lhe valeu o Prêmio Nobel da Paz, em 1913.[48]

"Os mestres espirituais não desanimaram, nem descansaram nunca a respeito da sua individualidade; mas apesar de todos os esforços despendidos, Richet viu nas expressões fenomenológicas, de que foi atento observador, apenas a exteriorização das possibilidades de um sexto sentido nos organismos humanos. Ele,

---

[42] N.E.: Foi a primeira médium de efeitos físicos a ser submetida a experiências pelos cientistas da época (1854–1918).

[43] N.E.: Oliver Joseph Lodge (1851–1940), físico e escritor inglês.

[44] N.E.: Frederic William Henry Myers (1843–1901), foi erudito literato inglês, famoso pelos seus escritos notáveis e estudos sobre os fenômenos espíritas.

[45] N.E.: Henry Sidgwick (1838–1900), economista e filósofo do Reino Unido.

[46] N.E.: François-Marie Gabriel Delanne (1857–1926), fundador da União Espírita Francesa e do jornal *Le spiritisme*.

[47] N.E.: Angel Aguarod (1860–1932), autor do livro *Grandes e pequenos problemas*, editado pela FEB.

[48] N.E.: Certamente houve aí um lapso do autor. Richet, apesar de ardoroso pacifista, não recebeu nenhum Prêmio Nobel da Paz, mas sim o de Medicina, que lhe premiou a descoberta da anafilaxia.

que fora o primeiro organizador de um dicionário de Fisiologia, não se resignou a ir além das demonstrações histológicas. Dentro da Espiritualidade, todos os seus trabalhos de investigador se caracterizam pela dúvida que lhe martiriza a personalidade. Nunca pôde, Senhor, encarar as verdades imortalistas, senão como hipótese, mas o seu coração é generoso e sincero. Ultimamente, nas reflexões da velhice, o grande lutador se veio inclinando para a fé, até hoje inacessível ao seu entendimento de estudioso. Os vossos mensageiros conseguiram inspirar-lhe um trabalho profundo, que apareceu no planeta como *a grande esperança* e, nestes últimos dias, sua formosa inteligência realizou para o mundo uma mensagem entusiástica em prol dos estudos espiritualistas."

— Pois bem! — exclamou o Senhor — Richet terá de voltar, agora a penates. Traze de novo aqui a sua individualidade, para as necessárias interpelações.

— Senhor, assim tão depressa? — retomou o Anjo, advogando a causa do grande cientista. — O mundo vê em Richet um dos seus gênios mais poderosos, guardando nele sua esperança. Não conviria protelar a sua permanência na Terra, a fim de que ele vos servisse, servindo à humanidade?

— Não — disse o Senhor tristemente. — Se, após oitenta e cinco anos de existência na face da Terra, ele não pôde adquirir, com a sua Ciência, a certeza da imortalidade, é desnecessária a continuação da sua estada nesse mundo. Como recompensa aos seus esforços honestos em benefício dos irmãos em humanidade, quero dar-lhe agora, com o poder do meu amor, a centelha divina da crença, que a ciência planetária jamais lhe concedeu, nos seus labores ingratos e frios.

～

No leito de morte, Richet tem as pálpebras cerradas e o corpo na posição derradeira, a caminho da sepultura. Seu Espírito inquieto de investigador não dormiu o grande sono.

Há ali, cercando-lhe os despojos, uma multidão de fantasmas. Gabriel Delanne estende-lhe os braços de amigo. Denis[49] e Flammarion o contemplam com bondade e carinho. Personalidades eminentes da França antiga, velhos colaboradores da *Revista dos dois mundos,* cooperadores devotados dos *Anais das ciências psíquicas,* ali estão, para abraçarem o mestre no limiar do seu túmulo.

Richet abre os olhos para as realidades espirituais que lhe eram desconhecidas. Parece-lhe haver retrocedido às materializações da Villa Carmen; mas, a seu lado, repousam os seus despojos, cheios de detalhes anatômicos. O eminente fisiologista reconhece-se no mundo dos verdadeiros vivos. Suas percepções estão intensificadas, sua personalidade é a mesma e, no momento em que volve a atenção para a atitude carinhosa dos que o rodeiam, ouve uma voz suave e profunda, falando do Infinito:

— Richet — exclama o Senhor no tribunal da sua misericórdia —, por que não afirmaste a imortalidade e por que desconheceste o meu nome no teu apostolado de missionário da Ciência e do labor? Abri todas as portas de ouro, que te poderia reservar sobre o mundo. Perquiriste todos os livros. Aprendeste e ensinaste, fundaste sistemas novos do pensamento, à base das dúvidas dissolventes. Oitenta e cinco anos se passaram, esperando eu que a tua honestidade me reconhecesse, sem que a fé desabrochasse em teu coração. Todavia, decifraste com o teu esforço abençoado, muitos enigmas dolorosos da ciência do mundo, e todos os teus dias representaram uma sede grandiosa de conhecimentos... No entanto, meu filho, eis que a tua razão positiva é inferior à revelação divina da fé. Experimentaste as torturas da morte com todos os teus livros e diante dela desapareceram os teus compêndios, ricos de experimentações no campo das filosofias e das ciências. E agora, premiando os teus

---

[49] N.E.: Léon Denis (1846–1927), filósofo e um dos principais continuadores do Espiritismo após a desencarnação de Allan Kardec.

labores, eu te concedo os tesouros da fé que te faltou, na dolorosa estrada do mundo!

Sobre o peito do abnegado apóstolo desce do Céu um punhal de luz opalina, como um venábulo maravilhoso de luar indescritível.

Richet sente o coração tocado de luminosidade infinita e misericordiosa, que as ciências nunca lhe haviam dado. Seus olhos são duas fontes abundantes de lágrimas de reconhecimento ao Senhor. Seus lábios, como se voltassem a ser os lábios de um menino, recitam o "Pai-nosso que estais no Céu...".

Formas luminosas e aéreas arrebatam-no pela estrada de éter da eternidade e, entre prantos de gratidão e de alegria, o apóstolo da ciência caminhou da grande esperança para a certeza divina da imortalidade.

~ 17 ~
Hauptmann

6 de abril de 1936

Na Casa da Morte, em Trenton,[50] Bruno Richard Hauptmann[51] desfolha, pela última vez, o seu calendário de recordações. É de tarde. O condenado sente esvaecer-se-lhe a derradeira esperança. Já não há mais possibilidade de adiamento da execução, depois das decisões do Grande Júri de Mercer, e o caso Wendel representava o único elemento que modificaria o epílogo doloroso da tragédia de Hopewell. O governador do estado de Nova Jersey já havia desempenhado a sua imitação de Pilatos e o Sr. Kimberling nada mais poderia fazer que o cumprimento austero das leis, que condenaram o carpinteiro alemão à cadeira elétrica.

---

[50] N.E.: New Jersey, USA.
[51] N.E.: Ex-presidiário alemão, condenado à morte pelo rapto e assassinato do filho de Charles Lindbergh e Anne Morrow Lindbergh (1899–1936).

Hauptmann sente-se perdido diante do irremediável e chora, protestando a sua inocência. Recapitula a série de circunstâncias que o conduziram à situação de indigitado matador do bebê Lindbergh e espera, ainda, que a justiça dos homens reconheça o seu erro, salvando-o, à última hora, das mãos do carrasco. A justiça dos homens, porém, está cega; tateando na noite escura de suas vacilações, não viu senão a ele, no amontoado das sombras.

A polícia norte-americana precisava que alguém viesse à barra do tribunal responder-lhe por um crime nefando, satisfazendo assim às exigências da civilização, salvaguardando o seu renome e a sua integridade.

E o carpinteiro de Bronx, o olhar marejado de lágrimas, recorda os pequenos episódios de sua existência: a sua velha casa humilde de Kamenz, o ideal da fortuna nas terras americanas, a esposa aflita e desventurada e a imagem do filhinho, brincando nas suas pupilas cheias de pranto. Hauptmann esquece-se então dos seus nervos de aço e de sua serenidade, perante as determinações da justiça, e chora convulsivamente, temendo enfrentar os mistérios silenciosos da morte. Paira no seu cérebro a desilusão de todo o esforço diante da fatalidade e, sentindo o escoamento dos seus derradeiros minutos, foge espiritualmente do torvelinho das coisas humanas, para se engolfar na meditação das coisas de Deus. Suas mãos cansadas tomam a *Bíblia* do padre Werner e o seu Espírito excursiona no labirinto das lembranças. Ao seu cérebro atormentado voltam as orações aprendidas na infância, quando sua mãe lhe punha na boca os salmos de Davi e o nome santo de Deus. Depois viera para o mundo largo, no qual os homens se devoram uns aos outros, no círculo nefasto das ambições. Suas preces de menino perderam-se, como restos de um naufrágio em noite de tempestade no mar. Ele não conhecera nenhum apóstolo e jamais lhe mostraram, no turbilhão das lutas humanas, uma figura que se assemelhasse ao Homem-suave dos Evangelhos. Entretanto, nunca, como naquela hora, sentiu tanto o desejo de ouvir-lhe a palavra sedutora do Sermão da Montanha. Aos seus ouvidos ecoavam as derradeiras notas daquele cântico de glorificação aos bem-aventurados do mundo, pronunciado num crepúsculo, há dois mil anos, para aqueles que a vida condenou à miséria e ao infortúnio, e uma voz misteriosa lhe segredava, aos ouvidos, da grandeza da cruz, cheia de belezas ocultas e ignoradas.

Hauptmann toma o Salmo 23, repetindo com o Profeta: "O Senhor é o meu pastor, nada me faltará".

O relógio da penitenciária prosseguia decifrando os enigmas do tempo e o carrasco já havia chegado para o seu terrível mister. Cinquenta testemunhas ali se conservam para presenciar a cena de supremo desrespeito pelas vidas humanas. Médicos, observadores das atividades judiciárias, autoridades e guardas ali se reúnem para encerrar tragicamente um drama sinistro, que emocionou o mundo inteiro.

O condenado, à hora precisa, cabelos raspados à máquina e a calça fendida para que a execução não falhasse, entra, calado e sereno, na Câmara da Morte. Havia no seu rosto um suor pastoso, como o dos agonizantes. Nenhuma sílaba se lhe escapou da garganta silenciosa. Contemplou calmamente o olhar curioso e angustiado dos que o rodeavam, representando ironicamente o testemunho das leis humanas. No seu peito não havia o perdão do Cristo para os verdugos, mas um vulcão de prantos amargos torturava-lhe o íntimo, nos instantes derradeiros. Considerando toda a inutilidade de sua ação, diante do destino e da dor, deixou-se amarrar à poltrona da morte, enquanto seus olhos tangíveis não viam mais os benefícios alegres da claridade, mergulhando-se nas trevas em que iam entrar.

Elliot imprime o primeiro movimento à roda fatídica; correntes elétricas anestesiam o cérebro do condenado e, dentro de quatro minutos, pelo preço mesquinho de alguns centavos, os Estados Unidos da América do Norte exercem a sua justiça, não obstante as dúvidas tremendas que pairam sobre a culpabilidade do homem em cuja cabeça recaiu o rigor da sua sentença.

Muito se tem escrito sobre o doloroso drama de Hopewell. Os jornais de todo o mundo focalizaram o assunto e as estações de rádio encheram as atmosferas com as repercussões dessa história emocionante. Não é demais, portanto, que "um morto" se interesse por esse processo que apaixonou a opinião pública mundial, não para exercer a função de revisor dos erros judiciários, mas para extrair a lição da experiência e o benefício do ensinamento.

As leis penais da América do Norte não possuíam elementos comprobatórios da culpa de Richard Hauptmann como autor do nefando infanticídio. Para conduzi-lo à cadeira da morte não prevaleceram senão argumentos dubitativos, inadmissíveis dentro da cultura jurídica dos tempos modernos. Muitas circunstâncias preponderavam no desenrolar dos acontecimentos e que não foram tomadas na consideração que lhes era devida: a história de Isidoro Fisch, a ação de Betty Cow e de Violette Scharp, a leviandade das acusações de Jafsie Condon e a dúvida profunda empolgando todos os corações que acompanharam, em suas etapas dolorosas, o desdobramento do processo sinistro.

No entanto, em tudo isso, nessa tragédia que feriu cruelmente a sensibilidade cristã, há uma justiça pairando mais alto que todas as decisões dos tribunais humanos, somente acessível aos que penetram o escuro mistério da vida, no ressurgimento das reencarnações.

Hauptmann sacrificado na sua inocência, Harold Hoffman com o desprestígio político perante a opinião pública do seu país e Lindbergh, herói do século, ídolo de sua pátria e um dos homens mais afortunados do mundo, fugindo de sua terra a bordo do *American Importer*, no qual quase lhe faltava o conforto mais comezinho, como se fora um criminoso vulgar, são personalidades interpeladas na Terra pela Justiça suprema.

Nos mundos e nos espaços há uma figura de Argos observando todas as coisas. No seu tribunal do direito incorruptível, a Têmis divina arquiteta a trama dos destinos de todas as criaturas. E só nessa justiça pode o homem guardar a sua esperança, porque o direito humano, quase sempre filho da supremacia da força, é às vezes falho de verdade e sabedoria.

Dia virá em que a justiça humana compreenderá a extensão do seu erro condenando um inocente. As autoridades judiciárias hão de preparar-se para a enunciação de uma sentença nova, mas o processo terá subido integralmente para a alçada suprema da equidade absoluta. Debalde os juízes da Terra tentarão restabelecer a realidade dos fatos, com os recursos de sua tardia argumentação, porque nesse dia, quando Bruno Richard Hauptmann for convocado para o último depoimento em favor do resgate de sua memória, o carpinteiro de Bronx, que os homens eletrocutaram, não passará de um punhado de cinzas.

~ 18 ~
A casa de Ismael

12 de junho de 1936

Um dia, reunindo o Senhor seus Apóstolos, ao pé das águas claras e alegres do Jordão, descortinou-lhes o panorama imenso do mundo.

Lá estavam as grandes metrópoles, cheias de faustos e grandezas.

Alexandria e Babilônia, junto da Roma dos césares, acendiam na terra o fogo da luxúria e dos pecados.

Jesus, adivinhando a miséria e o infortúnio do Espírito mergulhado nos humanos tormentos, alçou a mão compassiva em direção à paisagem triste do planeta, declarando aos discípulos:

"Ide e pregai! Eu vos envio ao mundo como ovelhas ao meio de lobos, mas não vim senão para curar os doentes e proteger os desgraçados".

E os apóstolos partiram, no afã de repartir as dádivas do seu Mestre.

Ainda hoje, afigura-se-nos que a voz consoladora do Cristo mobiliza as almas abnegadas, articulando-as no caminho escabroso da moderna civilização. Os filhos do sacrifício e da renúncia abrem clareiras divinas no cipoal escuro das descrenças humanas, constituindo exércitos de salvação e de socorro aos homens, que se debatem no naufrágio triste das esperanças; e, se a vida pode cerrar os nossos olhos e restringir a acuidade das nossas percepções, a morte vem descerrar-nos um mundo novo, a fim de que possamos entrever as verdades mais profundas do plano espiritual.

Foi Miguel Couto[52] quem exclamou, em um dos seus momentos de amargura, diante da miséria exibida em nossas praças públicas:

"Ai dos pobres do Rio de Janeiro, se não fossem os espíritas".

E hoje que a morte reacendeu o lume dos meus olhos, que aí se apagava, nos derradeiros tempos de minha vida, como luz bruxuleante dentro da noite, posso ver a obra maravilhosa dos espíritas, edificada no silêncio da caridade evangélica.

Eu não conhecia somente o Asilo São Luís, que se derrama pela enseada do Caju como uma esteira de pombais claros e tranquilos, onde a velhice desamparada encontra remanso de paz, no seio das tempestades e das dolorosas experiências do mundo, como realização da piedade pública, aliada à propaganda das ideias católicas. Conhecia, igualmente, o Abrigo Teresa de Jesus, o Amparo Teresa Cristina e outras casas de proteção aos pobres e desafortunados do Rio de Janeiro, que um grupo de criaturas abnegadas do proselitismo espírita havia edificado. No entanto, meu coração, que as dores haviam esmagado, trucidando todas as suas aspirações e todas as suas esperanças, não podia entender a vibração construtora da fé dos meus patrícios, que Xavier de Oliveira tachara de loucos no seu estudo mal avisado do Espiritismo no Brasil.

---

[52] N.E.: Miguel de Oliveira Couto (1865–1934), foi um médico, deputado, educador e ensaísta brasileiro.

A verdade hoje é para mim mais profunda e mais clara. Meu olhar percuciente de desencarnado pode alcançar o fundo das coisas, e a realidade é que a organização da Consoladora Doutrina dos Espíritos, no Brasil, não está formada à revelia da Vontade Soberana, do amor e da justiça que nos presidem aos destinos. Obra estreme da direção especializada dos homens, é no Alto que se processam as suas bases e as suas diretrizes.

Por uma estranha coincidência defrontam-se, na Avenida Passos, quase frente a frente, o Tesouro Nacional[53] e a Casa de Ismael.

Tesouros da Terra e do Céu, guardam-se no primeiro as caixas fortes do ouro tangível, ou das suas expressões fiduciárias; e, no segundo, reúnem-se os cofres imortalizados das moedas do Espírito.

De um, parte a corrente fertilizante das economias do povo, objetivando a vitalidade física do país; e, do outro, parte o manancial da água celeste que sacia toda sede, derramando energias espirituais e intensificando o bendito labor da salvação de todas as almas.

A obra da Federação Espírita Brasileira é a expressão do pensamento imaterial dos seus diretores do plano invisível, indene de qualquer influenciação da personalidade dos homens. Semelhantes àqueles discípulos que partiram para o mundo como o "sal da Terra",[54] na feliz expressão do divino Mestre, os seus administradores são intérpretes de um ditame superior, quando alheados de sua vontade individual, para servir ao programa de amor e de fé a que se propuseram. O roteiro de sua marcha é conhecido e analisado no mundo das verdades do Espírito e a sua orientação nasce da fonte das realidades superiores e eternas, não obstante todas as incompreensões e todos os combates. A

---

[53] N.E.: Nessa época, em 1936, o Tesouro Nacional estava situado na Avenida Passos.
[54] N.E.: MATEUS, 5:13.

história da Casa de Ismael, nos Espaços, está cheia de exemplos edificantes, de sacrifícios e dedicações.

Se Auguste Comte[55] afirmou que os vivos são sempre e cada vez mais governados pelos mortos, nas intuições do seu Positivismo, nada mais fez que refletir a mais sadia de todas as verdades. A Federação, que guarda consigo as primícias da sede do Tesouro espiritual da Terra de Santa Cruz, não está de pé somente à custa do esforço dos homens, que, por maior que seja, será sempre caracterizado pelas fragilidades e pelas fraquezas humanas. Muitos dos seus diretores desencarnados aí se conservam, como aliados do exército de salvação que ali se reúne.

Ainda há poucos dias, enquanto a Avenida fervilhava de movimento, vi às suas portas uma figura singela e simpática de velhinho, pronto para esclarecer e abençoar com as suas experiências.

— Conhece-o? — disse-me alguém, rente aos ouvidos.

— ?...

— Pedro Richard...[56]

Nesse ínterim, passa um companheiro da humanidade, cheio de instintos perversos, que a morte não conseguiu converter à piedade e ao amor fraterno.

E Pedro Richard abre os braços paternais para a entidade cruel.

— Irmão, não queres a bênção de Jesus? Entra comigo ao seu banquete!...

— Por quê? — replica-lhe o infeliz transbordando perversidade e zombaria. — Eu sou ladrão e bandido, não pertenço à sociedade do teu Mestre.

---

[55] N.E.: Isidore Auguste Marie François Xavier Comte (1798–1857), filósofo francês, fundador da Sociologia e do Positivismo.

[56] N.E.: Foi uma das mais fortes e admiráveis personalidades do Movimento Espírita (1853–1918).

— Mas não sabes que Jesus salvou Dimas, apesar das suas atrocidades, levando em consideração o arrependimento de suas culpas? — diz-lhe o velhinho com um sorriso fraterno.

— Eu sou o mau ladrão, Pedro Richard. Para mim não há perdão, nem paraíso. O irmão dos infelizes, porém, abraça em plena rua movimentada o leproso moral e lhe diz suavemente aos ouvidos:

— Jesus salvou o bom ladrão e Maria salvou o outro...

E o que eu vi foi uma lágrima suave e clara rolando na face do pecador arrependido.

Senhor, eu não estive aí no mundo, na companhia dos teus servos abnegados e nem comunguei à mesa de Ismael, onde se guarda o sangue do teu sangue e a carne da tua carne, que constituem a essência de luz da tua Doutrina.

Eu não te vi senão como Tomé, na sua indiferença e na sua amargura, ou como os teus discípulos no caminho de Emaús,[57] com os olhos enevoados pelas neblinas da noite. Todavia, podia ver-te na tua casa, em que se recebe a água divina da fé, portadora de todo o amor, de toda a crença e de toda a esperança. No entanto, não é tarde, Senhor... Desdobra sobre o meu Espírito a luz da tua misericórdia e deixa que desabrochem, ainda agora, no meu coração de pecador, as açucenas perfumadas do teu perdão e da tua piedade, para que eu seja incorporado às falanges radiosas que operam na tua casa, exibindo com o meu esforço de Espírito a mais clara e a mais sublime de todas as profissões de fé.

---

[57] N.E.: Burgo da Jordânia, perto de Jerusalém, onde Jesus apareceu a dois de seus discípulos depois da ressurreição.

~ 19 ~
Carta a Maria Lacerda de Moura

24 de julho de 1936

É para você, Maria Lacerda,[58] que envio hoje meu pensamento de Espírito. Tarefa excessivamente arriscada, essa de dirigir-se um morto aos literatos da Terra, quase sempre dobrados às injunções de ordem política e social. É verdade que Berilo Neves,[59] o ano passado, teve a precisa coragem de se referir, na Associação Brasileira de Imprensa, às minhas mensagens póstumas; mas, você, na serenidade do seu ânimo e na incorruptibilidade do seu caráter, pode entender o meu pensamento e ouvir a minha voz.

Não sou estranho às suas atividades e aos seus estudos, no plano das investigações espiritualistas. Saturada de Sociologia,

---

[58] N.E.: Maria Lacerda de Moura (1887–1945), anarquista brasileira que se notabilizou por seus escritos feministas.

[59] N.E.: Berilo Neves (1889–1974), jornalista e escritor brasileiro.

você reconhece agora, como eu, nos derradeiros anos de minha peregrinação pela Terra, a possibilidade remota de se consertar o edifício esburacado dos costumes humanos, dentro de uma civilização de barbaria, em que a moral cai aos pedaços e, voltando sua atenção para o mundo invisível, você conversa com as sombras, tornando-se a confidente abençoada dos mortos. Seu olhar, acostumado às assembleias seletas das grandes cidades sul-americanas, passeia agora, às vezes, no império do silêncio dos que já partiram do mundo, no qual o seu juízo crítico vai buscar um motivo novo para falar caridosamente, acordando os homens. Quis ainda você constituir o seu novo ninho junto das catacumbas e dos salgueiros e, desse calado retiro, estende-se o seu pensamento para o mistério da noite, povoada de sonhos e constelações.

Os pensadores, Maria Lacerda, são impotentes para salvar o mundo da desgraça em que ele próprio submergiu. A confusão tem de processar-se, para que se destrua o edifício milenar dos hábitos e dos preconceitos de toda ordem. Uma vida nova terá de florescer sobre os alicerces da morte. Todos os que lutaram, e os que se encontram lutando ainda pelo esclarecimento da coletividade, são frutos extemporâneos da civilização do futuro. Eles oferecem um roteiro de liberdades fulgurantes; mas, ao redor do homem contemporâneo, respira-se ainda uma atmosfera terrível de destruição.

Há vários decênios, luta-se teoricamente para que um novo estado de coisas se estabeleça no mundo. Clama-se por leis econômicas que regulem nos países a distribuição do necessário e queimam-se produtos em quase todas as regiões do planeta, objetivando o cumprimento de absurdas determinações da política do isolamento. A palavra dos Kropotkines soa em vão, conclamando os Espíritos de boa vontade. Mussolini assina um programa socialista nos primórdios da sua carreira política, escondendo a pretensão exclusiva de conquistar um império. O presidente pacifista dos Estados Unidos idealiza a organização da paz internacional de Genebra, de cujas atividades o seu país não compartilha. O Japão fala dos seus direitos de nacionalidade, avançando sobre os territórios da China. A Rússia institui o Comunismo, entendendo-se otimamente com todas as potências capitalistas. De Roma, que se diz piedosa e cristã, saem as hordas de conquistadores para a mais absurda das guerras. A Alemanha hitlerista expulsa Einstein,[60] dentro de suas preocupações de racismo. Nas repúblicas sul-americanas, há movimento de comércio com a Internacional Armamentista. Na Inglaterra, o *Intelligence Service* fomenta o dissídio e a discórdia, nas suas cogitações imperialistas. A Espanha embriaga-se no desvairamento da guerra civil. Em toda parte, bebe-se um vinho de ruína e de morte e, entre os homens atordoados, sopra um furacão maligno de arrasamentos.

Os sociólogos veem as suas atividades circunscritas ao castelo maravilhoso das palavras, porque os homens estão entregues ao seu infortunado destino.

Não valeu o esforço dos Espíritos avançados na solução das incógnitas científicas, porquanto todas as descobertas destes últimos tempos são brinquedos terríveis na mente infantil dessa civilização que se desenvolveu sem a educação individual.

A verdade é que o homem está vivendo para destruir o homem.

Um dos pensadores modernos, contemplando o aspecto doloroso da atualidade, concluía tristemente que, se o homem contemporâneo considera natural o extermínio de mulheres e crianças nos últimos movimentos bélicos do planeta, não será extraordinário, daqui a alguns anos, que os homens se devorem uns aos outros. De fato, a criatura humana parece regredir à noite escura e misteriosa das suas origens. Todavia, o estudo psicológico dessa situação nos conduz a muitas reflexões sobre as

---

[60] N.E.: Albert Einstein (1879–1955), físico.

suas causas profundas, e concluímos que os homens atuais são mais infelizes que perversos. O que se intensificou em toda parte da Terra, arruinando os setores da atividade humana, foi aquela crise espiritual a que Gandhi se refere em suas exortações. O Ocidente poderia salvar-se, conservando o equilíbrio do mundo, se o Cristianismo, em sua simplicidade e pureza, não fosse deturpado pelas igrejas mercenárias. A moral cristã teria fatalmente de evoluir para a simplificação suprema da vida, se os religiosos não a tivessem asfixiado no cárcere estreito de suas cogitações político-sociais. E o resultado de tão nefastos empreendimentos é a atualidade dos homens, repleta de morticínios e crivada de dores.

Contudo, há uma Providência misericordiosa acompanhando os surtos evolutivos da Terra e, na hora justa dos abalos sociais de toda natureza, os túmulos se enchem de vozes e de revelações consoladoras, realizando profecias.

Fascismo, ditaduras para o proletariado, falsas democracias, terão de desaparecer nos fragores da luta, para que a política espiritualista inaugure o direito novo, a lei nova, controladores de todos os fenômenos da economia dos povos. O homem compreenderá então a necessidade de um imperativo de paz, solidário com o progresso espiritual dos outros mundos.

É objetivando a construção do edifício da concórdia universal sobre a base da educação de cada personalidade e de leis econômicas que façam desaparecer para sempre o quadro doloroso da miséria e da fome, que os mortos voltam para falar aos encarnados, no turbilhão escuro de suas vidas.

Num dos seus últimos artigos na imprensa de Paris, Maurício Maeterlinck considerava erroneamente: "Estes mortos que sobrevivem parecem bem fracos, bem precários e bem miseráveis. Lembram os fantasmas vaporosos, arrebatados pelos turbilhões no inferno do grande poeta florentino. Preguiçosos, desamparados, exangues, nada mais tendo a fazer, não persistem eles senão à escuta de uma voz da Terra? É essa a prova de sua sobrevivência e, se sobrevivem realmente, não poderão realizar outra coisa? Recomeçam a viver ou acabam de morrer?".

Maeterlinck, porém, não conseguiu uma visão exata das atividades dos que já partiram das fadigas da luta material. Dentro das preocupações do *high-life*, não viu a multidão das criaturas consoladas pela confortadora Doutrina dos Espíritos e nem logrou compreender que os mortos não podiam começar por onde os vivos acabaram. Os homens terminaram sua luta na organização exclusivista, na ciência presunçosa e na suposta infalibilidade. Os mortos porém, iniciam a sua cruzada junto dos que sofrem e dos que raciocinam.

E, de você, Maria Lacerda, que vive espiritualmente na vanguarda dos tempos, nós esperamos um grande coeficiente de forças em favor do nosso triunfo na alma das massas. A sua acurada percepção pode reconhecer a vigorosa andaimaria do edifício do porvir, pois não está longe o dia em que os homens se cansarão de lutar uns com os outros, espalhando a miséria e o extermínio. Os lobos famintos da civilização armamentista ficarão sob os escombros fumegantes de suas grandezas, e a alma cristã cantará a glória dos pacíficos e dos bem-aventurados.

Você, Maria Lacerda, tem muito que fazer.

Decuplique as suas energias e as suas esperanças.

A sua palavra é a da rainha de Halicarnasso.

Reúna com o seu esforço todos os guerreiros inativos e vamos lutar.

~ 20 ~
Pedro, o apóstolo

25 de agosto de 1936

Enquanto a capital dos mineiros, dirigida pelos seus elementos eclesiásticos, se prepara, esperando as grandes manifestações de fé do segundo Congresso Eucarístico Nacional, chegam os turistas elegantes e os peregrinos invisíveis. Também eu quis conhecer de perto as atividades religiosas dos conterrâneos de Augusto de Lima.

Na praça Raul Soares,[61] espaçosa e ornamentada, vi o monumento dos congressistas, elevando-se em forma de altar, onde os atos religiosos serão celebrados. No topo, a custódia, rodeada de arcanjos petrificados, guardando o símbolo suave e branco da eucaristia, e, cá embaixo, nas linhas irregulares da terra, as acomodações largas e fartas, de onde o povo assistirá, comovido, às manifestações de Minas católica.

Foi nesse ambiente que a figura de um homem trajado à israelita, lembrando alguns tipos que em Jerusalém se dirigem,

---

[61] N.E.: Localizada em Belo Horizonte.

frequentemente, para o lugar sagrado das lamentações, aguçou a minha curiosidade incorrigível de jornalista.

— Um judeu?! — exclamei, aguardando as novidades de uma entrevista.

— Sim, fui judeu, há algumas centenas de anos — respondeu laconicamente o interpelado.

Sua réplica exaltou a minha bisbilhotice e procurei atrair a atenção da singular personagem.

— Vosso nome? — continuei.

— Simão Pedro.

— O Apóstolo?

E a veneranda figura respondeu afirmativamente, colando ao peito os cabelos respeitáveis da barba encanecida.

Surpreso e sedento da sua palavra, contemplei aquela figura hebraica, cheia de simplicidade e simpatia. Ao meu cérebro afluíam dezenas de perguntas, sem que pudesse coordená-las devidamente.

— Mestre — disse-lhe, por fim —, vossa palavra tem para o mundo um valor inestimável. A cristandade nunca vos julgou acessível na face da Terra, acreditando que vos conserváveis no Céu, de cujas portas resplandecentes guardáveis a chave maravilhosa. Não teríeis algumas mensagens do Senhor para transmitir à humanidade, neste momento angustioso que as criaturas estão vivendo?

E o Apóstolo venerável, dentro da sua expressão resignada e humilde, começou a falar:

— Ignoro a razão por que revestiram a minha figura, na Terra, de semelhantes honrarias. Como homem, não fui mais que um obscuro pescador da Galileia e, como discípulo do divino Mestre, não tive a fé necessária nos momentos oportunos. O Senhor não poderia, portanto, conferir-me privilégios, quando amava todos os seus Apóstolos com igual amor.

— É conhecida, na história das origens do Cristianismo, a vossa desinteligência com Paulo de Tarso. Tudo isso é verdadeiro?

— De alguma forma, tudo isso é verdade — declarou bondosamente o Apóstolo —. Mas, Paulo tinha razão. Sua palavra enérgica evitou que se criasse uma aristocracia injustificável, que, sem ele, teria de desenvolver-se fatalmente entre os amigos de Jesus, que se haviam retirado de Jerusalém para as regiões da Betânia.

— Nada desejais dizer ao mundo sobre a autenticidade dos Evangelhos?

— Expressão autêntica da biografia e dos atos do divino Mestre, não seria possível acrescentar qualquer coisa a esse livro sagrado. Muita iniquidade se tem verificado no mundo em nome do estatuto divino, quando todas as hipocrisias e injustiças estão nele sumariamente condenadas.

— E no capítulo dos milagres?

— Não é propriamente milagre o que caracterizou as ações práticas do Senhor. Todos os seus atos foram resultantes do seu imenso poder espiritual. Todas as obras a que se referem os Evangelistas são profundamente verdadeiras.

E, como quem retrocede no tempo, o Apóstolo monologou:

— Em Cafarnaum, perto de Genesaré, e em Betsaida, muitas vezes acompanhei o Senhor nas suas abençoadas peregrinações. Na Samaria, ao lado de Cesareia de Filipe, vi suas mãos carinhosas dar vista aos cegos e consolação aos desesperados. Aquele Sol claro e ardente da Galileia ainda hoje ilumina toda a minha alma e, decorridos tantos séculos, depois de minhas lutas no mundo, ao lado de alguns companheiros, procuro reivindicar para os homens a vida perfeita do Cristianismo, com o advento do reino de Deus, que Jesus desejou fundar, com o seu exemplo, em cada coração...

— Os filósofos terrenos são quase unânimes em afirmar que o Cristo não conhecia a evolução da ciência grega, naquela época, e que as suas parábolas fazem supor a sua ignorância acerca da organização política do Império Romano: seus apólogos falam de reis e príncipes que não poderiam ter existido.

— A ação do Cristo — retrucou o Apóstolo — vai mais longe que todas as atividades e investigações das filosofias humanas. Cada século que passa imprime um brilho novo à sua figura e um novo fulgor ao seu ensinamento. Ele não foi alheio aos trabalhos do pensamento dos seus contemporâneos. Naquele tempo, as teorias de Lucrécio, expendidas alguns anos antes da obra do Senhor, e as lições de Fílon em Alexandria, estavam muito inferiores às verdades celestes que Ele vinha trazer à humanidade atormentada e sofredora...

E, quando a figura veneranda de Simão parecia prestes a prosseguir na sua jornada, inquiri, abruptamente:

— Qual o vosso objetivo, atualmente, no Brasil?

— Venho visitar a obra do Evangelho, aqui instituída por Ismael, filho de Abraão e de Agar, e dirigida dos espaços por abnegados apóstolos da fraternidade cristã.

— E estais igualmente associado às festas do segundo Congresso Eucarístico Nacional? — perguntei.

No entanto o bondoso Apóstolo expressou uma atitude de profunda incompreensão, ao ouvir as minhas derradeiras palavras.

Foi quando, então, lhe mostrei o rico monumento festivo, as igrejas enfeitadas de ouro, os movimentos de recepção aos prelados, exclamando ele, afinal:

— Não, meu filho!... Esperam-me longe destas ostentações mentirosas os humildes e os desconsolados. O reino de Deus ainda é a promessa para todos os pobres e para todos os aflitos da Terra. A Igreja romana, cujo chefe se diz possuidor de um trono que me pertence, está condenada no próprio Evangelho, com todas as suas grandezas bem tristes e bem miseráveis. A cadeira de São Pedro é para mim uma ironia muito amarga... Nestes templos faustosos, não há lugares para Jesus, nem para os seus continuadores...

— E que sugeris, Mestre, para esclarecer a verdade?

Nesse momento, porém, o Apóstolo venerando enviou-me um gesto compassivo e piedoso, continuando o seu caminho, depois de amarrar, resignadamente, o cordão das sandálias.

~ 21 ~
O grande missionário

28 de setembro de 1936

Como as demais criaturas terrenas, o grande missionário de Lyon, que se chamou Hippolyte Rivail, ou Allan Kardec, foi também catalogado, em 3 de outubro de 1804, nas estatísticas humanas, retomando um organismo de carne para cumprimento de sua maravilhosa tarefa.

Cento e trinta e dois anos são passados sobre o acontecimento e o apóstolo francês é lembrado, carinhosamente, na memória dos homens.

Professor dedicado ao seu grandioso ideal de edificar as almas, discípulo eminente de Pestalozzi,[62] Allan Kardec trazia, desde o início de sua mocidade, a paixão pelas utilidades das coisas do Espírito.

Suas obras didáticas estão cheias de amor a esse apostolado. Até depois dos 50 anos, sua palavra confortadora e sábia dirigiu-se

---

[62] N.E.: Johann Heinrich Pestalozzi. (1746–1827), pedagogo suíço, criou uma pedagogia baseada no trabalho manual e no ensino mútuo.

às escolas, seus fosfatos foram consumidos nos mais nobres labores do intelecto, em favor da formação da juventude; suas mãos de benfeitor edificaram o espírito da infância e da mocidade de sua pátria. Sua vida de homem está repleta de grandes renúncias e sublimes dedicações. Nunca os insultos e as ações dos traidores lhe entibiaram o ânimo de soldado do bem. Os espinhos das estradas do mundo não lhe trucidaram o coração temperado no aço da energia espiritual e no ouro das convicções sadias que lhe povoaram toda a existência.

Recordando a beleza perfeita dos planos intangíveis, que vinha de deixar para cumprir na Terra a mais elevada das obrigações de um missionário, sob as vistas amoráveis de Jesus, Allan Kardec fez da sua vida um edifício de exemplos enobrecedores, esperando sempre a ordem do Mestre divino para que as suas mãos intrépidas tomassem a charrua das ações construtoras e edificantes.

Só depois dos 50 anos sua personalidade adquiriu a precisa preponderância e sua atividade, o desdobramento necessário, prestigiando-se a sua tarefa na Codificação do Espiritismo, que vinha trazer à humanidade uma nova luz para a solução do amargo problema do destino e da dor. Ninguém como ele compreendeu tanto a necessidade da intervenção das forças celestes para que as conquistas do pensamento humano, sintetizadas no surto das civilizações, não se perdessem na noite dos materialismos dissolventes. Ele sentiu, refletindo as poderosas vibrações do Alto, que os seus contemporâneos preparavam a extinção de toda a crença e de toda a esperança que deveriam fortalecer o espírito humano, nas dolorosas transições do século XX. As especulações filosóficas e científicas de Comte, Virchow,[63] Büchner[64] e Moleschott,[65] aliadas ao sibaritismo dos religiosos, teriam eliminado fatalmente a

---

[63] N.E.: Rudolf Ludwig Carl Virchow (1821–1902), médico e político alemão. Criou a patologia celular.

[64] N.E.: Karl Georg Büchner (1813–1837), dramaturgo alemão.

[65] N.E.: Jacob Moleschott (1822–1893), fisiologista holandês.

fé da humanidade no seu glorioso porvir espiritual, em todos os setores da civilização do Ocidente, se o missionário de Lyon não viesse trazer aos homens a cooperação da sua renúncia e dos seus abençoados sacrifícios.

 Quando Jesus desceu um dia à Terra para oferecer às criaturas a dádiva da sua vida e do seu amor, seus passos foram precedidos pelos de João Batista, que aceitara a tarefa terrível de precursor, experimentando todos os martírios no deserto. O Consolador, prometido à Terra pelo coração misericordioso do divino Mestre, e que é o Espiritismo, teve o sacrifício de Allan Kardec — o precursor da sua gloriosa disseminação no peito atormentado das criaturas humanas. Seu retiro não foi a terra brava e estéril da Judeia, mas o deserto de sentimentos das cidades tumultuosas; no burburinho das atividades dos homens, no turbilhão das suas lutas, ele experimentou na alma, muitas vezes, o fel do apodo e do insulto dos malevolentes e dos ingratos. No entanto, sua obra aí ficou como o roteiro maravilhoso do país abençoado da redenção. Espíritos eminentes foram ao mapa de suas atividades para conhecerem melhor o caminho. Flammarion se embriaga no perfume ignorado dessas terras misteriosas do novo conhecimento, descobertas pela sua operosidade de instrumento do Senhor, e apresenta ao mundo as suas novas teorias cosmológicas, enchendo a fria matemática astronômica de singular beleza e suave poesia. Sua obra — *Les Forces Naturelles Inconnues* é um caminho aberto às indagações científicas que teriam mais tarde, com Richet, amplos desenvolvimentos. Gabriel Delanne e Léon Denis se inflamam de entusiasmo diante das obras do mestre e ensaiam a filosofia espiritualista, inaugurando uma nova época para o pensamento religioso, alargando as perspectivas infinitas da ciência universal.

 E, desde os meados do século que passou, a figura de Kardec se eleva cada vez mais no conceito dos homens. O interesse do mundo pela sua obra pode ser conhecido pelo número de edições de seus livros, e, na hora que passa, cheia de nuvens nos horizontes da Terra e de amargas apreensões no seio de suas criaturas, nenhuma homenagem há, mais justa e mais merecida, do que essa que se prepara em todos os recantos na qual a Consoladora Doutrina do Espiritismo plantou a sua bandeira, como preito de admiração ao ilustre e benemérito Codificador.

O Brasil evangélico deve orgulhar-se das comemorações que levará a efeito, lembrando a personalidade inconfundível do grande missionário francês, porque a obra mais sublime de Allan Kardec foi a reedificação da esperança de todos os infortunados e de todos os infelizes do mundo, no amor de Jesus Cristo.

Conta-se que logo após a sua desencarnação, quando o corpo ainda não havia baixado ao Père-Lachaise[66] para descansar à sombra do dólmen dos seus valorosos antepassados, uma multidão de Espíritos veio saudar o mestre no limiar do sepulcro. Eram antigos homens do povo, seres infelizes que ele havia consolado e redimido com as suas ações prestigiosas, e, quando se entregavam às mais santas expansões afetivas, uma lâmpada maravilhosa caiu do Céu sobre a grande assembleia dos humildes, iluminando-a com uma luz que, por sua vez, era formada de expressões do seu *O evangelho segundo o espiritismo*, ao mesmo tempo que uma voz poderosa e suave dizia do Infinito:

— Kardec, regozija-te com a tua obra! A luz que acendeste com os teus sacrifícios na estrada escura das descrenças humanas vem felicitar-te nos pórticos misteriosos da imortalidade... O mel suave da esperança e da fé que derramaste nos corações sofredores da Terra, reconduzindo-os para a confiança na minha misericórdia, hoje se entorna em tua própria alma, fortificando-te para a claridade maravilhosa do futuro. No Céu, estão guardados todos os prantos que choraste e todos os sacrifícios

---

[66] N.E.: Pequeno engano do cronista, pois que o corpo foi sepultado primeiramente no Cemitério de Montmartre. A trasladação dos despojos para o dólmen do Père-Lachaise fez-se um ano depois.

que empreendeste... Alegra-te no Senhor, pois teus labores não ficaram perdidos. Tua palavra será uma bênção para os infelizes e desafortunados do mundo, e ao influxo de tuas obras a Terra conhecerá o Evangelho no seu novo dia!...

Acrescenta-se, então, que grandes legiões de Espíritos eleitos entoaram na imensidade um hino de hosanas ao homem que organizara as primícias do Consolador para o planeta terreno e escoltado pelas multidões de seres agradecidos e felizes, foi o mestre, em demanda das esferas luminosas, receber a nova palavra de Jesus.

Kardec, eu não te conheci e nem te poderia entender na minha condição de homem perverso da Terra, mas recebe, no dia em que o mundo lembra, comovido, a tua presença entre os homens, o preito da minha amizade e da minha admiração.

~ 22 ~
A lenda das lágrimas

27 de novembro de 1936

Rezam as lendas bíblicas que o Senhor, após os seis dias de grandes atividades da criação do mundo, arrancado do caos pela sua sabedoria, descansou no sétimo, para apreciar a sua obra.

E o Criador via os portentos da criação, maravilhado de paternal alegria. Sobre os mares imensos voejavam as aves alegres; nas florestas espessas desabrochavam flores radiantes de perfumes, enquanto as luzes, na imensidade, clarificavam as apoteoses da natureza, resplandecendo no Infinito, para louvar-lhe a glória e lhe exaltar a grandeza.

Jeová, porém, logo após a queda de Adão e depois de expulsá-lo do paraíso, a fim de que ele procurasse na Terra o pão de cada dia com o suor do trabalho, recolheu-se entristecido aos seus imensos impérios celestiais, repartindo a sua obra terrena em departamentos diversos, que confiou às potências angélicas.

O paraíso fechou-se então para a Terra, que se viu insulada no seio do Infinito. Adão ficou sobre o mundo, com a sua descendência amaldiçoada, longe das belezas do Éden perdido, e, no lugar em que se encontravam as grandiosidades divinas, não se viu mais que o vácuo levemente azulado da atmosfera.

E o Senhor, junto dos serafins, dos arcanjos e dos tronos, na sagrada curul da sua misericórdia, esperou que o tempo passasse. Escoavam-se os anos, até que um dia, o Criador convocou os anjos a que confiara a gestão dos negócios terrestres, os quais lhe deviam apresentar relatórios precisos, acerca dos vários departamentos de suas responsabilidades individuais. Prepararam-se no Céu festas maravilhosas e alegrias surpreendentes para esse movimento de confraternização das forças divinas e, no dia aprazado, ao som de músicas gloriosas, chegavam ao paraíso os poderes angélicos encarregados da missão de velar pelo orbe terreno. O Senhor recebeu-os com a sua bênção, do alto do seu trono bordado de lírios e de estrelas, e, diante da atenção respeitosa de todos os circunstantes, falou o Anjo das luzes:

— Senhor, todas as claridades que criastes para a Terra continuam refletindo as bênçãos da vossa misericórdia. O Sol ilumina os dias terrenos com os resplendores divinos, vitalizando todas as coisas da natureza e repartindo com elas o seu calor e a sua energia. Nos crepúsculos, o firmamento recita os seus poemas de estrelas e as noites são ali clarificadas pelos raios tênues e puros dos plenilúnios divinos. Nas paisagens terrestres, todas as luzes evocam o vosso poder e a vossa misericórdia, enchendo a vida das criaturas de claridades benditas!...

Deus abençoou o Anjo das luzes, concedendo-lhe a faculdade de multiplicá-las na face do mundo.

Depois, veio o Anjo da terra e das águas, exclamando com alegria:

— Senhor, sobre o mundo que criastes, a terra continua alimentando fartamente todas as criaturas; todos os reinos da natureza retiram dela os tesouros sagrados da vida, e as águas, que parecem constituir o sangue bendito da vossa obra terrena, circulam no seu seio imenso, cantando as vossas glórias incomensuráveis. Os mares falam com violência, afirmando o vosso poder soberano, e os regatos macios dizem, nos silvedos, da vossa piedade e brandura. As terras e as águas do mundo são plenas afirmações da vossa magnífica complacência!...

E o Criador agradeceu as palavras do servidor fiel, abençoando-lhe os trabalhos.

Em seguida, falou, radiante, o Anjo das árvores e das flores:

— Senhor, a missão que concedestes aos vegetais da Terra vem sendo cumprida com sublime dedicação. As árvores oferecem sua sombra, seus frutos e utilidades a todas as criaturas, como braços misericordiosos do vosso amor paternal, estendidos sobre o solo do planeta. Quando maltratadas, sabem ocultar suas angústias, prestando sempre, com abnegação e nobreza, o concurso da sua bondade à existência dos homens. Algumas, como o sândalo, quando dilaceradas, deixam extravasar de suas feridas taças invisíveis de aroma, balsamizando o ambiente em que nasceram... E as flores, meu Pai, são piedosas demonstrações das belezas celestiais nos tapetes verdoengos da Terra inteira. Seus perfumes falam, em todos os momentos, da vossa magnanimidade e sabedoria...

E o Senhor, das culminâncias do seu trono radioso, abençoou o servo fiel, facultando-lhe o poder de multiplicar a beleza e as utilidades das árvores e das flores terrestres.

Logo após, falou o Anjo dos animais, apresentando a Deus um relato sincero, a respeito da vida dos seus subordinados:

— Os animais terrestres, Senhor, sabem respeitar as vossas leis, acatar a vossa vontade. Todos vivem em harmonia com as disposições naturais da existência que a vossa sabedoria lhes traçou. Não abusam de suas faculdades procriadoras e têm uma época própria para o desempenho dessas funções, consoante os vossos desejos. Todos têm a sua missão a cumprir e alguns deles se colocaram, abnegadamente, ao lado do homem, para substituí-lo nos mais penosos misteres, ajudando-o a conservar a saúde e a buscar no trabalho o pão de cada dia. As aves, Senhor, são turíbulos alados, incensando, do altar da natureza terrestre, o vosso trono celestial, cantando as vossas grandezas ilimitadas. Elas se revezam, constantemente, para vos prestarem essa homenagem de submissão e de amor, e, enquanto algumas cantam durante as horas do dia, outras se reservam para as horas da noite, de modo a glorificarem incessantemente as belezas admiráveis da Criação, louvando-se a sabedoria do seu Autor inimitável.

E Deus, com um sorriso de júbilo paternal, derramou sobre o dedicado mensageiro as vibrações do seu divino agradecimento.

Foi quando, então, chegou a vez da palavra do Anjo dos homens. Taciturno e entre angústias, provocando a admiração dos demais, pela sua consternação e pela sua tristeza, exclamou compungidamente:

— Senhor!... Ai de mim! Enquanto meus companheiros vos podem falar da grandeza com que são executados os vossos decretos na face do mundo, pelos outros elementos da Criação, não posso afirmar o mesmo dos homens... A descendência de Adão se perde num labirinto de lutas, criado por ela mesma. Dentro das possibilidades do seu livre-arbítrio, é engenhosa e sutil, a inventar todos os motivos para a sua perdição. Os homens já criaram toda sorte de dificuldades, desvios e confusões para a sua vida na Terra. Inventaram, ali, a chamada propriedade sobre os bens que vos pertencem inteiramente, e dão curso a uma vida abominável de egoísmo e ambição pelo domínio e pela posse; toda a Terra está dividida indebitamente, e as criaturas humanas se entregam à tarefa absurda da destruição das vossas leis grandiosas e eternas. Segundo o que observo no mundo, não tardará que surjam os movimentos homicidas entre as criaturas, tal a extensão das ânsias incontidas de conquistar e possuir...

O Anjo dos homens, todavia, não conseguiu continuar. Convulsivos soluços embargaram-lhe a voz; mas, o Senhor, embora amargurado e entristecido, desceu generosamente do sólio de magnificências divinas e, tomando-lhe as mãos, exclamou com bondade:

— A descendência de Adão ainda se lembra de mim?

— Não, Senhor!... Desgraçadamente, os homens vos esqueceram... — murmurou o Anjo com amargura.

— Pois bem — replicou o Senhor paternalmente —, essa situação será remediada!...

E, alçando as mãos generosas, fez nascer, ali mesmo no Céu, um curso de águas cristalinas e, enchendo um cântaro com essas pérolas liquefeitas, entregou-o ao seu último servidor, exclamando:

— Volta à Terra e derrama no coração de seus filhos este licor celeste, a que chamarás de água das lágrimas... Seu gosto tem ressaibos de fel, mas esse elemento terá a propriedade de fazer com que os homens me recordem, lembrando-se da minha misericórdia paternal... Se eles sofrem e se desesperam pela posse efêmera das coisas atinentes à vida terrestre, é porque me esqueceram, olvidando a sua origem divina.

E desde esse dia o Anjo dos homens derrama sobre a alma atormentada e aflita da humanidade a água bendita das lágrimas remissoras; e desde essa hora, cada criatura humana, no momento dos seus prantos e das suas amarguras, nas dificuldades e nos espinhos do mundo, recorda, instintivamente, a paternidade de Deus e as alvoradas divinas da vida espiritual.

~ 23 ~
Carta aberta ao Sr. Prefeito do Rio de Janeiro

18 de dezembro de 1936

Sr. Prefeito do Distrito Federal. Dirijo-me a V. Ex.ª para ponderar um dos últimos atos de sua administração na velha cidade de São Sebastião do Rio de Janeiro, não obstante as minhas condições de jornalista desencarnado, e apesar do estado de guerra vigente no país.

Todavia, declinando essas circunstâncias, devo confessar, em defesa do meu gesto, que minha palavra humilde não visa a nenhum instituto político ou social do Brasil, para fixar-se somente na questão de humanidade.

É uma verdade inconteste que V. Ex.ª se torna duplamente respeitável, não só pela sua condição de autoridade suprema de uma cidade em que vivem seguramente dois milhões de corações humanos, senão também pela sua qualidade de sacerdote, e é talvez por isso, que a minha ponderação se faz um tanto mais grave.

Não lhe venho falar dos inquéritos administrativos nos departamentos públicos, afetos à sua autoridade, e sim dizer-lhe do seu ato pessoal, opondo o veto à subvenção de cinquenta contos, concedida pelos seus antecessores ao Abrigo Teresa de Jesus, instituição venerável que um punhado de espiritistas abnegados fundou no Rio, há alguns anos, e que todos os cariocas se habituaram a admirar, com o seu apoio e com o seu respeito.

A atitude de V. Ex.ª é estranhável, não só em face da sua condição de ministro da Igreja Católica, como pelo seu conhecimento acerca das misérias da nossa urbe, que os apaixonados do samba brasileiro apelidaram de Cidade Maravilhosa.

Cinquenta contos, Sr. Prefeito, como subvenção a uma instituição dessa natureza, que já conseguiu afastar dos antros viciosos algumas centenas de criaturas, infundindo-lhes a noção do dever social, cívico e humano, modelando heróis para os combates com as adversidades terrenas, representa uma percentagem muito mesquinha, em face das verbas despendidas com as obras suntuárias dos serviços públicos.

Antes de regressar desse mundo, em que perdi todas as ilusões e todas as esperanças, com respeito à objetivação de uma sociedade organizada na base dos verdadeiros interesses cristãos, muitas vezes deixei escapar do peito dilacerado o meu grito de dor pela nossa infância desvalida. Enquanto os governos instituíam as mais grossas subvenções para as festas carnavalescas e para a propaganda turística do Brasil no estrangeiro, via eu as nossas crianças desamparadas, doentes e esqueléticas, estendendo a mão mirrada à piedade das praças públicas. Se as dores não me viessem sufocar tão cedo os sagrados entusiasmos do coração, teria objetivado um largo movimento intelectual, em favor da instituição do livro e do pão para o menino dos nossos morros, onde com as vozes inocentes do samba se misturam os gemidos de todas as misérias.

Veja, pois, Excelência, a necessidade de se subvencionarem, e largamente, todas as iniciativas sociais que se organizem para proteger a criança desamparada, que virá a ser o homem de amanhã. Nestes tempos de negro materialismo, que parece invadir todos os institutos criados com o rótulo da civilização cristã, as autoridades legalmente constituídas têm de colocar os interesses humanos acima de todos os preconceitos sociais e religiosos. Seu coração de administrador e de cristão possui vasta experiência desses assuntos, sendo desnecessário que a minha palavra lhe encareça a inoportunidade do seu veto pessoal a esse auxílio financeiro à instituição referida, que é um admirável núcleo cultural do Rio de Janeiro, em que se criam as células sadias do organismo coletivo de amanhã.

V. Ex.ª não ignora que todas as questões transcendentes, apresentadas como insolúveis às vistas dos sociólogos modernos, complicando o mecanismo da vida dos povos, são de natureza educativa. Os problemas brasileiros são quase todos dessa ordem. Bem sabe que, mesmo em nossa história, existem páginas que implicam em si a veracidade do que afirmamos. Não se lembra da luta armada de Canudos, onde pereceram tantas energias da mocidade brasileira? O resultado dessa campanha seria outro, se, em vez da primeira expedição militar, mandássemos para ali uma dúzia de professores. As armas a serem detonadas naquele ambiente sertanejo deveriam ser as do alfabeto, como asseverava o nosso Euclides.[67] O banditismo do Nordeste, as falanges de "Lampião", as multidões místicas e delinquentes que, de vez em quando, surgem no quadro mesológico da nossa evolução coletiva, são problemas do livro e nada mais.

Desejaria, pois, o Sr. Prefeito do Distrito Federal absorver-se no partido político, nas intrigas de gabinete, nas homenagens

---

[67] N.E.: Euclides Rodrigues Pimenta da Cunha (1866–1909), escritor, sociólogo, repórter jornalístico, historiador, geógrafo, poeta e engenheiro brasileiro. Membro da Academia Brasileira de Letras.

dos louvaminheiros da autoridade pública, esquecendo-se da parte mais importante de suas atribuições, junto às coletividades do seu país?

Não acreditamos, igualmente, que o seu ato seja o fruto de uma represália à atitude desassombrada de criaturas estudiosas, que tentam elucidar as questões da Igreja Católica, da qual é um dedicado servidor. A luta é de princípios e não de personalidades; e esse combate ideológico é indispensável, nos bastidores em que se processa a evolução das consciências e das doutrinas. E para todos os combatentes, irmanados no mesmo idealismo do Evangelho, deverá existir, indubitavelmente, um traço de união acima de todas as polêmicas e de todas as controvérsias, que é o da fraternidade do Cristo. Um homem ou uma instituição podem crescer no conceito das coletividades pelas suas conquistas, pelos seus poderes transitórios, pela sua fortuna, mas serão sempre assinalados pela ilusão, se lhes faltarem os princípios humanos da caridade.

Conta-se aqui, Sr. Prefeito, que um dia quis o Senhor reunir sob os seus olhos todos os sábios que chegavam da Terra. Teólogos eminentes, filósofos, artistas do pensamento e da ação, matemáticos, geômetras e literatos ilustres.

— Senhor — dizia um deles —, eu ampliei a técnica dos homens, no problema das Ciências...

— Eu — repetia outro — procurei imprimir uma fase nova às letras do mundo...

— Minha vida, Senhor — exclamava ainda outro —, foi toda empregada no laboratório, em favor da humanidade...

Mas o Senhor replicou-lhes na sua misericórdia:

— Todas as vossas ciências são respeitáveis, mas valerão muito pouco se não tivestes caridade. Toda sabedoria, sem a bondade, é como luz que não aquece, ou como flor que não perfuma... A questão da felicidade humana está claramente resolvida na prática do meu Evangelho, como a solução algébrica define os vossos problemas de Matemática. O reino do Céu ainda é a mansão prometida aos simples e pobres da Terra, que vêm a mim isentos de soberba e de vaidade!...

Aqui, Sr. Prefeito, não se mede o Espírito pela posição que haja ocupado no mundo. A indumentária nada representa para as leis sábias e justas da Espiritualidade. Não obstante os seus conhecimentos teológicos, não se esqueça de que os manuais dos santos são compêndios de teorias da Terra. A prática é bem outra e é desta que voltamos para lhe falar dos argumentos mais firmes.

Aproveite a oportunidade que Jesus lhe colocou nas mãos e reconsidere o seu ato, reparando-o. Sua memória será então abençoada pela infância brasileira, votada ao desamparo pelos nossos políticos, que cuidam durante a vida inteira dos seus interesses e dos seus eleitorados. E um dia, quando não for mais o Sr. Prefeito e sim o nosso irmão Olympio, seu coração há de sentir, nos mais recônditos refolhos, a suavidade das mãos veludosas do Jardineiro divino, plantando os lírios perfumados da paz nas profundezas do seu mundo íntimo. E, quando essas flores destilarem nos seus olhos o aroma bendito das lágrimas de gratidão e reconhecimento, uma voz branda e suave murmurará aos seus ouvidos: "Guarda, meu filho, a minha recompensa. Regozija-te no Senhor, pois que foste meu servo e tiveste caridade!...".

~ 24 ~
A paz e a verdade

2 de janeiro de 1937

Os grandes Espíritos, que sob a tutela amorosa de Jesus dirigem os destinos da humanidade, reuniram-se há pouco tempo, nos planos da erraticidade, para discutirem o método de se estabelecer o gênio da paz, sobre a face da Terra.

A essa assembleia de sábios das coisas espirituais e divinas, compareceram anciãos da sociedade de Marte, estudiosos de Saturno, cientistas e apóstolos de Júpiter e outros representantes da vida do nosso sistema solar.

Estudaram, reunidos, todos os séculos passados, esmerilhando a antiguidade egípcia, as eras clássicas, o Império Romano, o advento do Cristianismo, os tempos apostólicos, a Idade Média, a Revolução Francesa, o progresso científico e filosófico do século XIX e a última experiência dolorosa das criaturas humanas, em 1914, concluindo que, depois de tantas lições sábias e justas, a humanidade terrestre estaria preparada para receber em seu seio o Gênio da Paz, edificando-lhe um templo no coração atormentado e sofredor. E os mentores dos destinos humanos, deliberaram aceitar unanimemente essa hipótese, marcando, porém, um dia para nova reunião coletiva, a fim de ouvirem o mensageiro da paz, que partiria com a tarefa de investigar todos os elementos ao seu alcance, para a consecução desse grandioso projeto.

E o mensageiro partiu.

Deixava os seus penates celestes cheios de harmonias e de carícias maravilhosas. O sistema solar era todo uma lira de luz, desferindo um cântico de glorificação a Deus no infinito dos espaços: Saturno com as suas luas e com os seus anéis rutilantes, Marte com os seus satélites graciosos, Vênus com a sua vida primária, enchendo o céu de perfume, e as estradas aéreas formadas no éter delicioso, alcatifadas de estrelas e flores evanescentes.

Após atravessar essa região de belezas indefiníveis e, depois de penetrar as camadas de ozone que revestem as massas atmosféricas do orbe terrestre, colocando as criaturas vivas a salvo dos raios desconhecidos e mortíferos do espectro solar, o mensageiro sentiu-se oprimido sob uma atmosfera de fumo sufocante, e, em breve, estudava a situação de todos os países para colher notícias necessárias aos seus superiores dos planos espirituais.

No dia aprazado, comparecia, torturado e abatido, à presença dos seus maiores.

Os anciãos veneráveis, que haviam deliberado sua vinda ao planeta terreno, esperavam-no com expectativas promissoras. O nobre expedicionário, porém, começou a expor as suas opiniões sem otimismo e sem esperança:

— Senhores — disse inicialmente —, nossas previsões não se realizaram. A Terra toda, na atualidade, é um perigoso rastilho. Todas as nações estão prontas para a guerra. A luta, ali, é um produto inevitável dos labores ideológicos das criaturas humanas. Procurei um lugar no qual fosse possível estabelecer as minhas atividades, sem encontrar elementos para esse fim em parte alguma. Debalde tentei sobrepor as minhas influências nos gabinetes públicos, nas doutrinas da coletividade, ou no santuário dos corações. Os homens ainda não conseguem entender nossos alvitres e conselhos. Nenhum deles cuida da necessidade de paz, com sinceridade e desinteresse. Alguns falam em meu nome, para levantarem recompensas e honrarias nos torneios políticos ou literários. Desgraçadamente, porém, não podem prescindir das necessidades negras da guerra!

Verificou-se, na assembleia augusta e respeitável, um movimento penoso de assombro.

Ali se encontravam Espíritos diretores de povos, raças e de todos os ideais que nobilitam a humanidade.

E os antigos gênios, inspiradores das raças eslavas e germânicas, solicitaram notícias dos seus subordinados, mas a entidade amiga respondeu com franqueza:

— Os povos que se acham sob a vossa carinhosa tutela vivem a fase terrível do mais desenfreado armamentismo. A Alemanha já reocupou a Renânia, readquirindo, igualmente, o território do Sarre, preparando-se para reconquistar o seu império colonial. Antevendo as grandes guerras que se aproximam, os alemães estão aproveitando todas as suas capacidades inventivas na criação de novos elementos de destruição, nas indústrias bélicas.

"Seus zepelins atravessam todos os continentes do mundo, a pretexto de turismo, estudando a situação topográfica dos outros países, arquitetando um novo sonho de imperialismo internacional. Com a teoria do racismo, ela procura levantar o plano nefasto da sua hegemonia no globo, criando toda a espécie de aparelhos para o domínio do mundo. A Rússia prepara-se, inventando novos engenhos para a indústria da guerra, arrancando o suor dos seus filhos para fomentar a sua ideologia política na face da Terra, incentivando revoltas e sacrificando corações. A Polônia gasta, na atualidade, um terço dos orçamentos com as forças armadas e todas as outras pequenas nacionalidades, que floresceram nas margens do Danúbio, não escondem a sua posição na corrida armamentista destes últimos tempos, fortificando-se para as lutas do porvir...".

E vieram os gênios inspiradores das raças latinas, obtendo a mesma resposta:

— A França e a Itália — prosseguiu o embaixador solícito —, que foram sempre as nações diretoras do pensamento da latinidade, estão entregues a todos os desregramentos das indústrias da guerra. A primeira, dominada pelas obrigações de ordem política, coloca-se numa posição perigosa em face dos países que eram seus antigos aliados; a segunda, acaba de realizar a campanha condenável de conquista do território abissínio, com os mais abjetos espetáculos da força. As aviações francesa e italiana, seus vasos de guerra, seus milhares de homens da infantaria motorizada, causam dolorosa surpresa aos raros Espíritos pacifistas do mundo. A Espanha afoga-se numa onda incendiária de sangue, e todas as outras nações europeias, inclusive a Inglaterra, que despedaça no momento todas as lanças ao seu dispor, para a conservação do seu império colonial, se preparam para a carnificina do futuro. Não se pode esperar nenhum esforço em favor da paz, por parte das raças latinas.

E vieram, em seguida, os seres tutelares dos povos da Mongólia, recebendo idêntica resposta:

— A China está cheia de fogo e de sangue... O Japão, repleto de associações secretas, de espionagem, para a realização dos projetos nipônicos na guerra futura. As ilhas orientais estão dominadas pelo imperialismo do século, fomentando-se dentro delas todas as lutas sociais, políticas e religiosas...

E chegaram, depois, nesse inquérito, os gênios que presidem ao destino das livres Américas, obtendo sempre a mesma resposta:

— Os vossos subordinados — exclamou o lúcido e bem informado mensageiro —, inconscientes dos tesouros econômicos que possuem, perdem-se num labirinto de lutas políticas de todos os matizes. As nações do Norte vivem idealizando todos os poderes destrutivos para serem utilizados na sua defensiva, esperando-se, ali, mais tarde, o perigo das forças amarelas; atormentados pelos preconceitos, entregam-se, por vezes, a linchamentos e distúrbios sociais, incompatíveis com o seu alevantado progresso. Os americanos do Sul esquecem as suas possibilidades na solução do problema da concórdia humana, entregando-se, de vez em quando, aos excessos das paixões políticas, que os arrastam ao sangue fratricida das guerras civis, cujo único objetivo é multiplicar o número dos infelizes e dos desafortunados do mundo...

Depois de penosas discussões, vieram os grandes gênios inspiradores das ciências físicas e morais da humanidade terrestre; todavia, o gênio da paz, continuou com a sua palavra inflexível e dolorosa:

— Não se pode esperar um esforço sério das correntes religiosas da Terra, a favor da tranquilidade dos homens; com raras exceções, quase todas estão divididas em núcleos de combate recíproco, dentro de atividades e interesses anticristãos. Quanto às ciências físicas, todas as suas atenções estão voltadas para o extermínio e para a morte. Criaram-se na Terra os mais terríveis aparelhos de defesa antiaérea, gases mortíferos, que fazem explodir aviões e outras poderosas máquinas de guerra, torpedos do ar e da terra, salientando-se o torpedeiro moderno, que poderá carregar 2.800 toneladas e que destrói fatalmente o alvo objetivado e atingido; metralhadoras elétricas, cômodas e velozes, de tiros rápidos, graças ao sistema rotativo; canhões antiaéreos oferecendo capacidade para o tiro vertical de 15.000 metros... A Terra é um vasto pandemônio de armas, de infantarias e munições... Percorri todas as cidades, todas as organizações e todos os lares, improficuamente!...

A essa altura, quando a confusão de vozes se estabelecia no recinto iluminado, onde se reuniam as falanges espirituais do

Infinito, o Gênio da Verdade, que era o supremo diretor desse conclave angélico dos espaços, exclamou gravemente:

— Calai-vos, meus irmãos!... Ninguém, na Terra, poderá colocar outro fundamento a não ser o de Jesus Cristo. A evolução moral dos homens será paga com os mais penosos tributos de sangue das suas experiências. As criaturas humanas conhecerão a fome, a miséria, a nudez, a carnificina e o cansaço, para aprenderem no amor daquele que é o Jardineiro divino dos seus corações; transformarão as suas cidades prestigiosas em ossuários apodrecidos, para saberem erguer os monumentos projetados no Evangelho do divino Mestre. Chega de mensagens, de arautos e mensageiros... No fumo negro da guerra, o homem terá a visão deslumbradora da luz maravilhosa dos planos divinos!...

E depois de uma pausa, cheia de comoção e de lágrimas, no Espírito de todos os presentes, a lúcida entidade sintetizou:

— Nunca haverá paz no mundo sem a Verdade!...

E, enquanto as aves celestes voejavam nas atmosferas radiosas e eterizadas do Infinito e a luz embriagava todas as criaturas e todas as coisas, num turbilhão de claridade e de perfumes, ouviu-se uma voz indefinível, bradando na imensidade:

— Ninguém, na Terra, pode lançar outro fundamento além daquele que foi posto por Jesus Cristo!

E, confundida numa luz imensa e maravilhosa, a grande assembleia da Paz foi dissolvida.

~ 25 ~
Sócrates[68]

7 de janeiro de 1937

Foi no Instituto Celeste de Pitágoras[69] que vim encontrar, nestes últimos tempos, a figura veneranda de Sócrates, o ilustre filho de Sofronisco e Fenarete.

A reunião, nesse castelo luminoso dos planos erráticos, era, nesse dia, dedicada a todos os estudiosos vindos da Terra longínqua. A paisagem exterior, formada na base de substâncias imponderáveis para as ciências terrestres da atualidade, recordava a antiga Hélade, cheia de aromas, sonoridades e melodias. Um solo de neblinas evanescentes evocava as terras suaves e encantadoras, em que as tribos jônias e eólicas localizaram a sua habitação, organizando a pátria de Orfeu, cheia de deuses e de

---

[68] N.E.: Foi professor de Platão, considerado modelo de filósofo (469 a.C.–399 a.C.).

[69] Nota do autor espiritual: Nome convencional para figurar os centros de grandes reuniões espirituais no plano invisível.

harmonias. Árvores bizarras e floridas enfeitavam o ambiente de surpresas cariciosas, lembrando os antigos bosques da Tessália, na qual Pan se fazia ouvir com as cantilenas de sua flauta, protegendo os rebanhos junto das frondes vetustas, que eram as liras dos ventos brandos, cantando as melodias da natureza.

O palácio consagrado a Pitágoras tinha aspecto de severa beleza, com suas colunas gregas à maneira das maravilhosas edificações da gloriosa Atenas do passado.

Lá dentro, agasalhava-se toda uma multidão de Espíritos, ávidos da palavra esclarecida do grande mestre, que os cidadãos atenienses haviam condenado à morte, 399 anos antes de Jesus Cristo.

Ali se reuniam vultos venerados pela Filosofia e pela Ciência de todas as épocas humanas, Terpandro, Tucídides, Lísis, Ésquines, Filolau, Timeu, Símias, Anaxágoras e muitas outras figuras respeitáveis da sabedoria dos homens.

Admirei-me, porém, de não encontrar ali nem os discípulos do sublime filósofo ateniense, nem os juízes que o condenaram à morte. À ausência de Platão,[70] a esse conclave do Infinito, impressionava-me o pensamento, quando, na tribuna de claridades divinas, se materializou aos nossos olhos, o vulto venerando da Filosofia de todos os séculos. Da sua figura irradiava-se uma onda de luz levemente azulada, enchendo o recinto de vibração desconhecida, de paz suave e branda. Grandes madeixas de cabelos alvos de neve molduravam-lhe o semblante jovial e tranquilo, no qual os olhos brilhavam infinitamente cheios de serenidade, alegria e doçura.

As palavras de Sócrates contornaram as teses mais sublimes, porém, inacessíveis ao entendimento das criaturas atuais, tal a transcendência dos seus profundos raciocínios. À maneira das suas lições nas praças públicas de Atenas, falou-nos da mais avançada sabedoria espiritual, por meio de inquirições que nos

---

[70] N.E.: Matemático e filósofo grego (428/427 a.C.–348/347 a.C.).

conduziam ao âmago dos assuntos; discorreu sobre a liberdade dos seres nos planos divinos que constituem a sua atual morada e sobre os grandes conhecimentos que esperam a humanidade terrestre no seu futuro espiritual.

É verdade que não posso transmitir aos meus companheiros terrenos a expressão exata dos seus ensinamentos, estribados na mais elevada das justiças, levando-se em conta a grandeza dos seus conceitos, incompreensíveis para as ideologias das pátrias no mundo atual, mas, ansioso de oferecer uma palavra do grande mestre do passado aos meus irmãos, não mais pelas vísceras do corpo e sim pelos laços afetivos da alma, atrevi-me a abordá-lo:

— Mestre — disse eu —, venho recentemente da Terra distante, para onde encontro possibilidade de mandar o vosso pensamento. Desejaríeis enviar para o mundo as vossas mensagens benevolentes e sábias?

— Seria inútil — respondeu-me bondosamente —, os homens da Terra ainda não se reconheceram a si mesmos. Ainda são cidadãos da pátria, sem serem irmãos entre si. Marcham uns contra os outros, ao som de músicas guerreiras e sob a proteção de estandartes que os desunem, aniquilando-lhes os mais nobres sentimentos de humanidade.

— No entanto... — retorqui — lá no mundo, há uma elite de filósofos que se sentiriam orgulhosos de vos ouvir!...

— Mesmo entre eles, as nossas verdades não seriam reconhecidas. Quase todos estão com o pensamento cristalizado no ataúde das escolas. Para todos os Espíritos, o progresso reside na experiência. A História não vos fala do suicídio orgulhoso de Empédocles de Agrigento, nas lavas do Etna,[71] para proporcionar aos seus contemporâneos a falsa impressão de sua ascensão para os céus? Quase todos os estudiosos da Terra são assim; o mal de todos é o enfatuado convencimento de sabedoria. Nossas

---

[71] N.E.: Vulcão ativo do nordeste da Sicília, ilha italiana no Mar Mediterrâneo.

lições valem somente como roteiro de coragem para cada um, nos grandes momentos da experiência individual, quase sempre difícil e dolorosa.

"Não crucificaram, por lá, o Filho de Deus, que lhes oferecia a própria vida para que conhecessem e praticassem a Verdade? O pórtico da pitonisa de Delfos está cheio de atualidade para o mundo. Nosso projeto de difundir a felicidade na Terra só terá realização, quando os Espíritos aí encarnados deixarem de ser cidadãos para serem homens conscientes de si mesmos. Os estados e as leis são invenções puramente humanas, justificáveis, em virtude da heterogeneidade com respeito à posição evolutiva das criaturas; mas, enquanto existirem, sobrará a certeza de que o homem não se descobriu a si mesmo, para viver a existência espontânea e feliz, em comunhão com as disposições divinas da natureza espiritual. A humanidade está muito longe de compreender essa fraternidade no campo sociológico."

Impressionado com essas respostas, continuei a interrogá-lo:

— Apesar dos milênios decorridos, tendes a exprimir alguma reflexão aos homens, quanto à reparação do erro que cometeram, condenando-vos à morte?

— De modo algum. Méletos[72] e outros acusadores estavam no papel que lhes competia, e a ação que provocaram contra mim nos tribunais atenienses só podia valorizar os princípios da filosofia do bem e da liberdade que as vozes do Alto me inspiravam, para que eu fosse um dos colaboradores na obra de quantos precederam, no planeta, o pensamento e o exemplo vivo de Jesus Cristo. Se me condenaram à morte, os meus juízes estavam igualmente condenados pela natureza; e, até hoje, enquanto a criatura humana não descobrir a si mesma, os seus destinos e obras serão patrimônios da dor e da morte.

— Poderíeis dizer algo sobre a obra dos vossos discípulos?

---

[72] N.E.: Poeta ateniense, um dos acusadores de Sócrates do crime de profanação.

— Perfeitamente — respondeu-me o sábio ilustre —, é de lamentar as observações mal avisadas de Xenofonte, lamentando eu, igualmente, que Platão, não obstante a sua coragem e o seu heroísmo, não haja representado fielmente a minha palavra, junto dos nossos contemporâneos e dos nossos pósteros. A História admirou na sua Apologia os discursos sábios e benfeitos, mas a minha palavra não entoaria ladainhas laudatórias aos políticos da época e nem se desviaria para as afirmações dogmáticas no terreno metafísico. Vivi com a minha verdade para morrer com ela. Louvo, todavia, a Antístenes, que falou com mais imparcialidade a meu respeito, de minha personalidade que sempre se reconheceu insuficiente. Julgáveis então que me abalançasse, nos últimos instantes da vida, a recomendações no sentido de que se pagasse um galo a Esculápio? Semelhante expressão, a mim atribuída, constitui a mais incompreensível das ironias.

— Mestre, e o mundo? — indaguei.

— O mundo atual é a semente do mundo paradisíaco do futuro. Não tenhais pressa. Mergulhando-me no labirinto da História, parece-me que as lutas de Atenas e Esparta, as glórias do Partenon, os esplendores do século de Péricles, são acontecimentos de há poucos dias; entretanto, soldados espartanos e atenienses, censores, juízes, tribunais, monumentos políticos da cidade que foi minha pátria, estão hoje reduzidos a um punhado de cinzas!... A nossa única realidade é a vida do Espírito.

— Não vos tentaria alguma missão de amor na face do orbe terrestre, dentro dos grandes objetivos da regeneração humana?

— Nossa tarefa, para que os homens se persuadam com respeito à Verdade, deve ser toda indireta. O homem terá de realizar-se interiormente pelo trabalho perseverante, sem o que todo o esforço dos mestres não passará do terreno do puro verbalismo.

E, como se estivesse concentrado em si mesmo, o grande filósofo sentenciou:

— As criaturas humanas ainda não estão preparadas para o amor e para a liberdade... Durante muitos anos, ainda, todos os discípulos da Verdade terão de morrer muitas vezes!...

E, enquanto o ilustre sábio ateniense se retirava do recinto, junto de Anaxágoras, dei por terminada a preciosa e rara entrevista.

26
Escrevendo a Jesus

8 de março de 1937

Meu Senhor Jesus: Dirijo-vos esta carta quase como nos últimos tempos em que o fazia na Terra, fechado nas perplexidades da incompreensão. Muitas vezes imaginei que estivésseis acessível à visão de todos aqueles que se evadem do mundo pela porta escura da morte, a fim de premiar os bons e punir pessoalmente os culpados, como os modernos chefes de Estado, que distribuem medalhas de honra nas datas festivas e exaram sentenças condenatórias em seus gabinetes.

No entanto, não é assim, Senhor! Todas as ingênuas e doces concepções do catolicismo se esfumaram na minha imaginação. A morte não faz de um homem um anjo; amontoa-nos, aos magotes, na qual possa caber toda a imensidade das nossas fraquezas e aí, na contemplação das nossas realidades e das nossas misérias, descerra um fragmento dos véus do seu grande mistério. Então, sentimo-nos reconfortados pela esperança, e basta esse raio de luz para que sejamos deslumbrados na vossa glória.

Se é verdade que não vos buscávamos nos caminhos da Terra, não era justo que nos viésseis esperar à porta do Céu.

Todavia, Senhor, não é para exprobrar o meu passado, no mundo, que vos dirijo esta carta. É para vos contar que os homens vão reviver novamente a tragédia da vossa morte. Muitos judeus influentes promovem, na atualidade, uma ação tendente a esclarecer o processo que motivou a vossa condenação. É verdade que esses movimentos tardios, para apurar os erros do passado, não são novos. Joana d'Arc foi canonizada após a calúnia, o martírio e o vilipêndio e, ainda agora, no Brasil, foi revivido o processo que fizera de Pontes Visgueiro um monstro nefando, movimento esse que lhe atenuou a falta, humanizando-se a sua figura, por meio da análise minuciosa dos fatos, recapitulados pelo Sr. Evaristo de Morais.[73]

Os descendentes dos vossos algozes querem reparar a violência dos seus avós. Objetivam a reconstrução do mesmo cenário de antanho. A corte provincial romana, o tribunal famoso dos israelitas, copiando a situação com a possível fidelidade. Eu queria, contudo acrescentar, entre parêntesis, que o mesmo Caifás ainda estará no Sinédrio para punir e julgar.

Foi pensando tudo isso, Senhor, que fui a Jerusalém observar detidamente os lugares santos. Se ultimamente contemplei a cidade arruinada dos profetas, no momento em que se comemorava a vossa paixão e a vossa morte, tendo fixado no Espírito os quadros dolorosos do vosso martírio, não pude observar detalhadamente as suas ruínas, desde o momento em que a minha atenção foi solicitada pela magnânima figura de Iscariotes.

É verdade que os séculos guardarão aí, para sempre, os traços indeléveis da vossa ligeira passagem pelo planeta. Jerusalém

---

[73] N.E.: Antonio Evaristo de Morais (1871–1939), advogado criminalista e historiador brasileiro.

prosseguirá contando aos peregrinos do mundo inteiro a sua história de lamentações e dores. Reconheci, contudo, a dificuldade para copiarem o passado com as suas coisas e com as suas circunstâncias.

Conta-se que, anos depois da vossa crucificação, o rabi Aguiba foi, com alguns companheiros, visitar as ruínas do templo no qual haviam ecoado as vossas divinas palavras. No entanto, o local sagrado em que se venerava o Santo dos Santos era refúgio dos chacais, que fugiram espantados com a presença dos homens.

Hoje, igualmente, Senhor, Jerusalém não possui a fisionomia de outrora. Nos lugares na qual se derramava o perfume do incenso e da mirra, há um cheiro pronunciado de gasolina e vapores. Os burricos graciosos foram substituídos pelos automóveis confortáveis. Os ingleses vivem ocidentalizando as ruínas abandonadas. Sobre o mar da Galileia, em Tiberíades, foi construído um balneário elegante, cheio de banhistas com seus trajes multicores, sentindo-se ali como em Copacabana, ou Biarritz.[74] A Judeia está cortada de linhas férreas, de estradas macadamizadas, de cinematógrafos, de iluminações elétricas, de serviços modernos. Há, até, Senhor, um poderoso judeu russo chamado Rutemburgo, que captou energia elétrica nas águas mansas do Jordão, à força de mecanismos e represas. Aquelas águas sagradas e claras, que batizaram os cristãos, movem hoje poderosas turbinas. As usinas estão em toda parte. Todas essas instalações têm alterado a fisionomia da região.

Certamente, Senhor, conhecestes Haifa, que era um ninho tranquilo e doce, à sombra do monte Carmelo, sobre o qual Elias encontrou os profetas de Baal, confundindo-os com a sabedoria das suas palavras. Pois, hoje, palpita ali uma enorme cidade, guardando uma grande estação de depósito de petróleo, onde a Marinha inglesa costuma abastecer-se.

---

[74] N.E.: Cidade da França (Pireneus Atlânticos).

O campo suave de Mizpah, onde a voz de Samuel se fez ouvir durante trinta dias consecutivos, exortando Israel, transformou-se num imenso aeródromo, em que pousam as aves metálicas do progresso, cheias de notícias e de ruídos.

Torna-se difícil reconstituir o ambiente da vossa injusta condenação. Os homens, Senhor, nunca dispensaram a teatralidade e as máscaras de suas vidas. É possível que engendrem um dramalhão, no qual, a pretexto de *vos reabilitar* diante da História, subvertam, ainda mais, no abismo da sua materialidade, a profunda significação espiritual da vossa Doutrina.

As multidões não serão inquiridas agora a respeito da sua preferência por Barrabás. Os pontífices do Sinedrim não conseguirão colocar nos vossos braços misericordiosos uma cana à guisa de cetro, nem ferir vossa fronte com a coroa de espinhos. Certamente mandarão erigir ironicamente um colosso de pedra, à vossa semelhança, injuriando a vossa memória. Os chamados crentes ajoelhar-se-ão aos pés dessa estátua impassível, suplicando, no seu ceticismo elegante, a vossa bênção, antes de se levantarem para devorar-se uns aos outros, como *cains* desvairados.

Ah! Senhor! Nós sabemos que do vosso trono estrelado vindes velando por esse orbe tão pequenino e tão infeliz! A manjedoura e a cruz ainda constituem o maior tesouro dos humildes e dos infortunados. No entanto vede, Senhor, como as ervas más se alastram pela Terra...

Cortai-as, Jesus, para que o trigo louro da paz e da verdade resplandeça na vossa seara bendita. E que os homens, reunidos no mesmo jugo suave da fraternidade que nos ensinastes, descansem embalados no cântico sublime da vossa misericórdia e do vosso amor.

~ 27 ~
A maior mensagem

17 de abril de 1937

Muita gente boa poderá supor na Terra que o homem, atravessando as águas escuras do Aqueronte, encontrará na outra margem o poço maravilhoso da sabedoria. Um homem de bons costumes, que andasse aí na Terra vendendo pastéis, depois dos banhos prodigiosos da morte voltaria aos cenários da vida sentenciando em todos os problemas que ensandecem o cérebro da humanidade.

Porém não é assim.

Cada indivíduo conserva, no Além, a posição evolutiva que o caracterizava na Terra. Cada entidade comunicante é, portanto, o homem... desencarnado, ressalvando-se, todavia, a posição elevada dos Espíritos missionários que, de vez em quando, pousam no mundo abnegadamente, sem lhe reparar a miséria e a estreita relatividade.

Arrebatados, assim, para o império das sombras, não estamos vagueando em paisagens lunares, ou no céu dos teólogos. O nosso mundo é de perfeita transição.

Já Raymond,[75] na Inglaterra, com o apoio da autoridade científica de *Sir* Oliver Lodge,[76] falou ao mundo terrestre das nossas paisagens bizarras, repletas de coisas semelhantes às coisas da nossa vida e das nossas atividades no planeta. Seus arroubos descritivos não comoveram o espírito cristalizado da ciência oficial, e provocaram exclamações pejorativas de muitos filósofos espiritualistas.

De minha parte, porém, já não quero fazer passar os olhos curiosos dos meus leitores sob *O arco de Esopo*, movimentando as minhas criações do *Tonel de Diógenes*. Agora, mais que nunca, reconheço que cada qual compreende como pode, aí no mundo, e não me animo a provocar o riso despreocupado dos meus semelhantes, desejando somente levar-lhes o coração para as questões nobres e úteis da vida.

Para contar-lhes, assim, o que fiquei conhecendo daqui como a maior mensagem existente da Terra, devo dizer-lhes que, no casarão dos Espaços em que nos encontramos agasalhados, existe o grande salão dos invisíveis. É aí que nos reunimos, muitas vezes, em amável *tête-à-tête*, reconfortando-nos após as lutas terrestres, recebendo frequentemente as opiniões esclarecidas dos mestres da Espiritualidade. Aparelhos delicadíssimos, de uma radiotelefonia mais avançada, nos colocam em contato com entidades angélicas, tal como os políticos do Rio de Janeiro podem ouvir o governo de Tóquio, trocando entre si, as impressões de um movimento, sem se afastarem de suas cidades respectivas.

No dia a que me reporto, encontrávamo-nos ali, em animada palestra. Escritores franceses, ingleses, asiáticos e americanos, discutíamos os progressos da Terra. Não há mais aqui a barreira dos idiomas. Cada qual pode falar à vontade, porque o pensamento já é por si mesmo uma espécie de volapuque universal.

---

[75] N.E.: Raymond Lodge (1889–1915), desencarnado aos 26 anos nos campos de guerra da França durante a Primeira Guerra Mundial. Era filho de *Sir* Lodge.

[76] N.E.: Oliver Joseph Lodge (1851–1940), físico e escritor inglês.

— O que mais me admira na atualidade do mundo — exclamava um dos companheiros — é a obra perfeita da Engenharia moderna. Na América do Norte, cuida-se da captação da energia elétrica existente na força das ondas marítimas, dentro do mecanismo de poderosas turbinas e, talvez, antes que o homem penetre o segredo do aproveitamento das forças atômicas, para repousar as suas atividades na eletricidade atmosférica, já terá construído formidáveis usinas captadoras da energia dos ventos, a mais de duzentos metros de altura. A mecânica da aviação progride a cada minuto e o homem está prestes a adotar os mais avançados sistemas de locomoção aérea, com os futuros aparelhos de voo individual.

— Todavia — atalhou outro —, temos de considerar igualmente o elevado plano evolutivo das criaturas, nos laboratórios. O alemão Todtenhaupt demonstrou a maneira de se transformar a caseína[77] do leite em lã artificial. Os tecnologistas descobriram todos os meios de se copiar perfeitamente a natureza, e os produtos sintéticos fazem, por toda parte, as comodidades da civilização. Os raios X devassaram a organização de todos os corpos, provando que todas as matérias, na crosta terrestre, são cristalinas, facilitando o exame de suas disposições atômicas e moleculares. Essas revoluções, no campo imenso das indústrias modernas, hão de determinar fatalmente profundas modificações na vida atormentada dos homens.

Ouvia, interessado, esses argumentos, sem poder participar com veemência dos problemas debatidos, em virtude de trazer muito pouca bagagem do nosso pobre Brasil, com exceção das ideias políticas, quando outro amigo interveio:

— Muito me têm preocupado as questões de Medicina e é com assombro que vejo a evolução dos processos terapêuticos no orbe terráqueo. Os hormônios, as vitaminas e as glândulas, tão

---

[77] N.E.: Proteína presente no leite, rica em fósforo, capaz de ligar íons de cálcio e fundamental para a nutrição de lactentes.

desconhecidos ali antigamente, são objeto de toda uma revolução científica. Ainda agora os hospitais de Moscou realizam, com êxito, as mais extraordinárias transfusões de sangue cadavérico. Os médicos moscovitas descobriram os recursos de conservar o sangue retirado de um cadáver, no instante imediato da morte, por mais de 20 ou 30 dias, aplicando-o com felicidade a outros organismos enfermos. Os processos de saneamento e de higiene não ficam aquém dessas conquistas. Há tempos, saneou-se na Itália, a região das Lagoas Pontinas, na qual, havia pântanos e focos microbianos, florescem hoje cidades prestigiosas e progressistas.

E, nesse diapasão, todos os escritores desencarnados manifestaram seus pensamentos otimistas. Falou-se da Física, da Bacteriologia, dos processos pedagógicos, da industrialização, do Nacional-socialismo de Hitler e dos princípios democráticos de Roosevelt.[78]

No entanto quando a palestra atingia o fim de seu curso, uma voz, cuja origem não poderíamos determinar, exclamou em nosso meio com melancólica imponência:

— Todas as conquistas e todas as comodidades da civilização terrestre da atualidade são questões secundárias nos ciclos eternos da vida... A mão invisível e poderosa que destruiu o orgulho impenitente da Babilônia e de Persépolis, que aniquilou os poderes de Roma e de Cartago, pode reduzir o mundo ocidental a um punhado de cinzas!...

"As plataformas políticas, os laboratórios científicos, os diplomas de novos conhecimentos, são segundos valores em todos os caminhos evolutivos, porque, sem o amor, que é a fraternidade universal, todas as portas da evolução estarão fechadas... Pode Einstein devassar novos segredos na Teoria da Relatividade; Sigmund Freud[79] poderá descobrir novas causas

---

[78] N.E.: Franklin Delano Roosevelt (1882–1945), político americano.

[79] N.E.: Sigismund Schlomo Freud (1856–1939), neurologista e psiquiatra austríaco. Criador da Psicanálise.

dos padecimentos humanos com a perseverança e a paciência de suas análises; a tecnologia pode modificar visceralmente a estrutura das indústrias do planeta; Hitler, Mussolini, Roosevelt e Trotsky podem aventar novas sistematizações da política, renovando as concepções do Estado; mas a maior mensagem no mundo, ainda é o Evangelho. Sem o amor de Jesus Cristo, todos os povos estão condenados a morrer, com todo o peso de suas conquistas e de suas glórias, porque somente o amor pode salvar o mundo que se aniquila... Podereis todos vós descer à face escura e triste da Terra, proclamando a vossa imortalidade, porém, nada fareis de útil, se não entregardes ao espírito humano essa chave maravilhosa, para que se abram as portas imensas da Paz, no coração amargurado dos homens!...

Diante dessa voz suave e terrível, todos nós silenciáramos.

Ao longe, muito ao longe, por um esforço pronunciado de nossa ação, divisávamos a Terra longínqua... Furacões destruidores pareciam envolvê-la. Suas atmosferas estavam enegrecidas, pejadas de nuvens de fumo e de poeira sangrenta. Um secreto pavor dominou nossas almas e guardamos em nosso íntimo, aquela voz profética e ameaçadora: "A mão invisível e poderosa que destruiu o orgulho impenitente da Babilônia e de Persépolis, que aniquilou os poderes de Roma e de Cartago, pode reduzir o mundo ocidental a um punhado de cinzas!...".

28
Respondendo a uma carta

20 de abril de 1937

Minha senhora. Eu sempre julguei que, terminadas as lutas da vida, jamais poderia voltar o meu Espírito das correntes tenebrosas do Estige, que os homens colocaram no Peloponeso escuro da morte.

Eis que volto, porém, dos palacetes aéreos, no qual se reconforta minha alma, esquecida do jazigo subterrâneo, em que repousam meus alquebrados ossos, e recebo o angustioso apelo do seu coração. A senhora envia-me uma cartinha breve, escrita com as próprias lágrimas da sua dor, fazendo-me confidente da sua imensa amargura, como se eu ainda estivesse aí no mundo, escravizado a todas as suas algemas e a todas as suas conveniências, por mal dos meus pecados. Agora, porém, graças a Deus, estou isento de todas as pesadas contribuições terrestres, até mesmo, a do imposto do selo, para enviar-lhe o meu pensamento.

Falo-lhe do mundo de vida nova e de maravilhosa ressurreição, no qual a esperam aquele esposo dedicado e amigo, e aquele filho valoroso e leal que a senhora viu partir para as fronteiras tristes e nubladas da morte, como Níobe petrificada no seu desespero inconsolável.

Os movimentos revolucionários do Brasil destroçaram-lhe o coração amoroso e sensibilíssimo. Em 30, quando os políticos novos se rejubilavam sobre os destroços da República Velha, enquanto se enfunavam bandeiras e vibravam mocidades, a sua alma de mulher, sozinha e triste, chorava sobre o túmulo do companheiro que Deus lhe dera e com quem edificara, apor meio da luta e dos anos, o ninho quente e doce, em cujos delicados contornos o seu espírito se havia dilatado, prolongando-se nos filhos, satélites abençoados do seu amor e do seu coração. Esse golpe foi a grande espada de dor, estraçalhando para sempre a tranquilidade da sua vida.

Mas, o destino foi inflexível e doloroso.

Em 1935, eis que perde seu filho, digno sucessor da patente do pai, num outro movimento de forças homicidas. Sua alma de viúva e de mãe cobriu-se então de luto e de lágrimas, para sempre. Uma saudade oceânica absorve-lhe todas as atividades e todos os momentos, e no silêncio da noite, quando todos se entregam ao amolecimento e ao repouso, seu Espírito está vigilante como os soldados de Pompeia, apesar dos decretos irrevogáveis do destino, esperando que surjam as visões consoladoras do companheiro bem-amado e do filho inesquecido, até que as primeiras claridades do dia venham desfazer o magnetismo suave das suas esperanças. No mundo das suas recordações fulguram relâmpagos e, assombrada, sua alma vê passar todos os dias, nas estradas imensas da sua amargura, os fantasmas de todos os sonhos mortos, mergulhados no ataúde de suas desilusões.

Para uma alma de mãe que chora, nunca há consolação bastante no mundo. Um coração materno, pranteando sobre as lutas fratricidas, é sempre um símbolo dos sofrimentos da humanidade crucificada no madeiro das hostilidades patrióticas, que separaram os povos do amor fraterno, destilando o veneno do ódio nos seus corações.

Já se disse que a guerra é o fator de todos os progressos do orbe, mas temos de convir em que toda a civilização é um produto detestável do martirológio das mães desveladas e sofredoras. É por isso, talvez, que a civilização dos homens cai sempre, na esteira infinita do tempo, como fruto amargo e apodrecido. Todos os calendários, surgidos nos milênios, assinalam épocas de opulência e de grandeza, para se desfazerem nos abismos da miséria e da morte. No declínio de cada período evolutivo do planeta, reúnem-se, em vão, os políticos e os guerreiros para salvá-lo, como agora acontece no mundo ocidental, no desfiladeiro da destruição. Criam-se conciliábulos de paz impossível, porque, diante de todos os edifícios suntuosos e de todas as doutrinas políticas, faz-se ouvir a mesma voz compassiva e lamentosa: "Caim, que fizeste do teu irmão?".

É que nunca se reuniram os homens para salvar a civilização, com a ternura das mães, com os seus devotamentos e com os seus sacrifícios; nunca se recordaram de uma estatística dos corações maternos antes de prepararem uma batalha, embora se deva à mulher todos os monumentos de fé realizadora que os homens têm construído na face do mundo.

E, no seu caso, a dor que a martiriza fere mais fundo o seu coração, porque o esposo e o filho não pereceram num campo inimigo, em que batalhassem com o título de "bravos", título esse ainda justificável, em virtude da ignorância das leis divinas, mas, assassinados por seus próprios irmãos, com estúpida crueldade. Os fatos, em verdade, não pertencem à História pátria, mas, sim, à legislação do Código Penal. Todavia, minha senhora, não busque a proteção das leis judiciárias, estruturadas pelos homens. Subordine os julgamentos dos atos perversos, de que foi objeto, ao Tribunal divino, que legisla acima de todas as forças políticas da Terra.

Sofra a sua dor com amargurada resignação.

O sofrimento é como um absinto maravilhoso. Se a sua taça está hoje cheia de fel, inevitável, esse líquido amargo nunca se escoa. Aqueles que lho deram vêm atrás dos seus passos. O mesmo fel os aguarda nos caminhos tortuosos da vida.

Eu não tenho argumentos para consolá-la, senão os de minha própria sobrevivência, fornecendo-lhe a certeza de que um dia encontrará, numa vida melhor, os bem-amados do seu coração. Sua mágoa é daquelas que a esponja insaciável do tempo não apaga na Terra; mas, viva a sua existência com as esperanças colocadas no Céu. Lembre-se da Mãe de Jesus: ela sintetiza as angústias de todos os corações maternos, perdidos como flores divinas entre as urzes e os espinhos do mundo, e sentir-se-á tocada de uma luz suave e misericordiosa. Uma sagrada e terna esperança balsamizará, como um luar perene, a noite das suas desventuras, adquirindo a força necessária para vencer nas estradas ríspidas e espinhosas. Amparada na sua fé, espere no altar da oração o dia da sua liberdade espiritual. Nessa hora de claridades doces e alegres para o seu coração, a senhora verá que, no turbilhão das lutas da Terra, todos os que contemplam o Céu são também por ele contemplados.

29
Tiradentes

21 de abril de 1937

Dos infelizes protagonistas da Inconfidência Mineira, no dia 21 de abril de todos os anos, aqueles que podem excursionar pela Terra volvem às ruínas de Ouro Preto, a fim de se reunirem entre as velhas paredes da casa humilde do sítio da Cachoeira, trazendo a sua homenagem de amor à personalidade de Tiradentes.

Nessas assembleias espirituais, que os encarnados poderiam considerar como reuniões de sombras, os preitos de amor são mais expressivos e mais sinceros, livres de todos os enganos da História e das hipocrisias convencionais.

Ainda agora, compareci a essa festividade de corações, integrando a caravana de alguns brasileiros desencarnados, que para lá se dirigiu, associando-se às comemorações do protomártir da emancipação do país.

Nunca tive muito contato com as coisas de Minas Gerais, mas a antiga Vila Rica, atualmente elevada à condição de Monumento

Nacional, pelas suas relíquias prestigiosas, sempre me impressionou pela sua beleza sugestiva e legendária. Nas suas ruas tortuosas, percebe-se a mesma fisionomia do Brasil dos vice-reis. Uma coroa de lendas suaves paira sobre as suas ladeiras e sobre os seus edifícios seculares, embriagando o Espírito do forasteiro com melodias longínquas e perfumes distantes. Na terra empedrada, ainda existem sinais de passos dos antigos conquistadores do ouro dos seus rios e das suas minas e, nas suas igrejas, ainda se ouvem soluços de escravos, misturados com gritos de sonhos mortos, do seu valoroso heroísmo. A velha Vila Rica, com a névoa fria dos seus horizontes, parece viver agora com as suas saudades de cada dia e com as suas recordações de cada noite.

Sem me alongar nos lances descritivos, acerca dos seus tesouros do passado, objeto da observação de jornalistas e escritores de todos os tempos, devo dizer que, na noite de hoje, a casa antiga dos Inconfidentes tem estado cheia das sombras dos mortos. Aí fui encontrar, não segundo o corpo, mas segundo o Espírito, as personalidades de Domingos Vidal Barbosa, Freire de Andrade, Mariano Leal, Joaquim da Maia, Claudio Manoel, Inácio de Alvarenga, Doroteia de Seixas, Beatriz Francisca Brandão, Toledo Piza, Luiz de Vasconcelos[80] e muitos outros nomes, que participaram dos acontecimentos relativos à malograda conspiração. No entanto de todas as figuras veneráveis ao alcance dos meus olhos, a que me sugeria as grandes afirmações da pátria era, sem dúvida, a do antigo alferes Joaquim José da Silva Xavier, pela sua nobre e serena beleza. Do seu olhar claro e doce, irradiava-se toda uma onda de estranhas revelações, e não foi sem timidez que me acerquei da sua personalidade, provocando a sua palavra.

---

[80] N.E.: Domingos Vidal de Barbosa Laje, Francisco de Paula Freire de Andrada, José Mariano Leal, José Joaquim da Maia, Cláudio Manuel da Costa, Inácio José de Alvarenga Peixoto, Maria Joaquina Doroteia de Seixas Brandão, Beatriz Francisca Brandão, Luís Vaz de Toledo Piza, Luís de Vasconcelos.

Falando-lhe a respeito do movimento de emancipação política, do qual havia sido o herói extraordinário, declinei minha qualidade de seu ex-compatriota, filho do Maranhão, que também combatera, no passado, contra o domínio dos estrangeiros.

— Meu amigo — declarou com bondade —, antes de tudo, devo afirmar que não fui um herói, e sim um Espírito em prova, servindo simultaneamente à causa da liberdade da minha terra. Quanto à Inconfidência de Minas, não foi propriamente um movimento nativista, apesar de ter aí ficado como roteiro luminoso para a independência da pátria. Hoje, posso perceber que a nossa ação era um projeto em demasia para as forças com que podia contar o Brasil daquela época, reconhecendo como o idealismo eliminou em nosso Espírito todas as noções da realidade prática; mas, estávamos embriagados pelas ideias generosas que nos chegavam da Europa, por meio da educação universitária. E, sobretudo, o exemplo dos Estados Americanos do Norte, que afirmaram os princípios imortais do direito do homem, muito antes do verbo inflamado de Mirabeau,[81] era uma luz incendiando a nossa imaginação. O Congresso de Filadélfia, que reconheceu todas as doutrinas democráticas, em 1776, afigurou-se-nos uma garantia da concretização dos nossos sonhos. Por intermédio de José Joaquim da Maia procuramos sondar o pensamento de Jefferson, em Paris, a nosso respeito; mas, infelizmente, não percebíamos que a luta, como ainda hoje se verifica no mundo, era de princípios. O fenômeno que se operava no terreno político e social era o desprezo do Absolutismo e da tradição, para que o racionalismo dirigisse a vida dos homens. Fomos os fantoches de alguns portugueses liberais, que, na colônia, desejavam adaptar-se ao novo período histórico do planeta, aproveitando-se dos nossos primeiros surtos de nacionalismo. Não possuíamos um índice forte de brasilidade que nos assegurasse a vitória, e a

---

[81] N.E.: Economista francês (1715–1789), autor de *O amigo dos homens* ou *Tratado sobre a população* (1756).

verdade só me foi intuitivamente revelada quando as autoridades do Rio de Janeiro mandaram prender-me na rua dos Latoeiros.

— E nada tendes a dizer sobre a defecção de alguns dos vossos companheiros? — perguntei.

— Hoje, de modo algum desejaria avivar minhas amargas lembranças... Aliás, não foi apenas Silvério quem nos denunciou perante o Visconde de Barbacena; muitos outros fizeram o mesmo, chegando um deles a se disfarçar como um fantasma, dentro das noites de Vila Rica, avisando quanto à resolução do governo da província, antes que ela fosse tomada publicamente, com o fim de salvaguardar as posições sociais de amigos do Visconde, que haviam simpatizado com a nossa causa. Graças a Deus, todavia, até hoje, sinto-me ditoso por ter subido sozinho os vinte degraus do patíbulo.

— E sobre esses fatos dolorosos, não tendes alguma impressão nova a nos transmitir?

E os lábios do herói da Inconfidência, como se receassem dizer toda a verdade, murmuraram estas frases soltas:

— Sim... A sala do oratório e o vozerio dos companheiros desesperados com a sentença de morte... A Praça da Lampadosa, minha veneração pelo crucifixo do Redentor e o remorso do carrasco... A procissão da Irmandade da Misericórdia, os cavaleiros, até o derradeiro impulso da corda fatal, arrastando-me para o abismo da morte...

E concluiu:

— Não tenho coisa alguma a acrescentar às descrições históricas, senão minha profunda repugnância pela hipocrisia das convenções sociais de todos os tempos.

— É verdade — acrescentei —, reza a História que, no instante da vossa morte, um religioso falou sobre o tema do *Eclesiastes* — "Não atraiçoes o teu rei, nem mesmo por pensamentos".

E terminando a minha observação com uma pergunta, arrisquei:

— Quanto ao Brasil atual, qual a vossa opinião a respeito?
— Apenas a de que ainda não foi atingido o alvo dos nossos sonhos. A nação ainda não foi realizada para criar-se uma linha histórica, mantenedora da sua perfeita independência. Todavia, a vitalidade de um povo reside na organização da sua economia e a economia do Brasil está muito longe de ser realizada. A ausência de um interesse comum, em favor do país, dá causa não mais à derrama dos impostos, mas ao derrame das ambições, em que todos querem mandar, sem saberem dirigir a si próprios.

Antes que se fizesse silêncio entre nós, tornei ainda:

— Com relação aos ossos dos inconfidentes, vindos agora da África para o antigo teatro da luta, hoje transformado em Panteão Nacional, são de fato autênticos esqueletos dos apóstolos da liberdade?

— Nesse particular — respondeu Tiradentes com uma ponta de ironia —, não devo manifestar os meus pensamentos. Os ossos encontrados tanto podem ser de Gonzaga, como podem pertencer, igualmente, ao mais miserável dos negros de Angola. O orgulho humano e as vaidades patrióticas têm também os seus limites... Aliás, o que se faz necessário é a compreensão dos sentimentos que nos moveram a personalidade, impelindo-nos para o sacrifício e para a morte...

Mas não pôde terminar. Arrebatado numa aluvião de abraços amigos e carinhosos, retirou-se o grande patriota que o Brasil hoje festeja, glorificando o seu heroísmo e a sua doce humildade.

Aos meus ouvidos emocionados ecoavam as notas derradeiras da música evocativa e dos fragmentos de orações que rodeavam o monumento do herói, afigurando-se-me que Vila Rica ressurgira, com os seus coches dourados e os seus fidalgos, num dos dias gloriosos do Triunfo Eucarístico; mas, aos poucos, suas luzes se amorteceram no silêncio da noite, e a velha cidade dos conspiradores entrou a dormir, no tapete glorioso de suas recordações, o sono tranquilo dos seus sonhos mortos.

~ 30 ~
O problema da longevidade

30 de abril de 1937

Os cientistas de todos os continentes se interessam, no mundo, pela solução do problema da longevidade humana. À maneira do Dr. Fausto,[82] ensandecem as suas faculdades intelectivas, buscando o ambicionado xarope miraculoso. Corações de cães e de galinhas são objeto de experimentos fisiológicos e não faz muitos anos, o Dr. Voronoff[83] andava pelo mundo com a sua gaiola de símios, vendendo o elixir prodigioso da juventude aos velhos gozadores da vida. Agora, um dos seus continuadores, o Dr. Alexis Carrel,[84] em

---

[82] N.E.: *Fausto* é um poema de proporções épicas que relata a tragédia do Dr. Fausto, homem das ciências que, desiludido com o conhecimento de seu tempo, faz um pacto com o demônio Mefistófeles, que o enche com a energia satânica insufladora da paixão pela técnica e pelo progresso.

[83] N.E.: Serge Voronoff Abrahamovitch (1866–1951), médico-cirurgião.

[84] N.E.: Recebeu o Nobel de Fisiologia ou Medicina de 1912, pelos seus trabalhos sobre sutura vascular e transplante de vasos sanguíneos e órgãos (1873–1944).

cooperação com Lindbergh,[85] inventou um aparelho para investigar a vida das células e a produção de hormônios, onde se encontra vivo o coração de um gato, pulsando indefinidamente, esquecido de morrer, certamente enganado com a temperatura do recipiente de vidro que o encerra.

Nos últimos tempos, é o professor Woodruff o iniciador de experiências novas. Cultivando carinhosamente um micróbio e sua progênie, no laboratório de suas pesquisas científicas, todos os dias transforma o ambiente do micróbio estudado, mudando a gota de água e o tubo que constituem o seu grande mundo liliputiano, tendo repetido essa experiência mais de mil vezes, constatando a imortalidade do seu paciente e guardando a esperança de poder aplicar seus estudos às criaturas humanas, criando uma nova teoria da longevidade, com a eliminação dos resíduos celulares do organismo, olvidado, porém, de que as células cerebrais do homem, elementos constitutivos do aparelho mais delicado de manifestação do Espírito dos seres racionais, não são suscetíveis de nenhuma alteração no decurso da vida. Os corpúsculos do cérebro nunca se reproduzem. Podem os cientistas imitar todos os fenômenos da natureza. Um coração humano pode saltar numa retorta de laboratório. Os rins e o fígado podem segregar os seus produtos específicos, separados do corpo, mas os estudiosos do mundo inteiro jamais poderão fazer pensar o cérebro de um cadáver.

Todas essas atividades da ciência moderna, por meio de movimentos mecânicos, poderão organizar novos sistemas terapêuticos, mas nunca afastar do coração inquieto dos homens o gládio afiado da morte.

A par dos professores, cujas teses objetivam a prolongação da existência das criaturas, temos os políticos nacionalistas incentivando a natalidade, como Mussolini, instituindo prêmios

---

[85] N.E.: Charles Augustus Lindbergh (1902–1974), aviador americano, autor, inventor, explorador e ativista social.

para as mães italianas e conquistando, a ferro e fogo, o território abissínio, a fim de localizar os súditos do novo império.

É verdade que o "crescei e multiplicai-vos" representa um imperativo das leis divinas, mas é necessário saber-se o "como" dessa conciliação do Espírito com a natureza. Os homens tentaram organizar, em todos os tempos, um código de moral, para que os imperativos evangélicos da multiplicação se cumprissem com decência e pureza. As igrejas criaram o casamento religioso, e os legisladores o matrimônio civil. Houve, também, os que tentaram organizar, nesse sentido, uma diretriz de ordem econômica, como os ingleses, que instituíram o *birth control*.[86] No entanto, eu não voltaria do mundo das sombras ignoradas, para fazer a apologia de Robert Malthus[87] e sim para perguntar se valeria a pena conservar-se indefinidamente a vida do homem, sobre o vale de lágrimas do salmista.

Quando ainda não se resolveu o problema do pão de cada dia, quando há multidões de famintos e desesperados, quando a Sociologia não passa de palavra a ser interpretada, é lícito cogitar-se da longevidade das criaturas? Se vingassem as teorias modernas, teríamos igualmente a eternização do egoísmo, da ambição e do orgulho, porque cada um não cogitaria senão da sua própria imortalidade.

As atividades inoportunas de semelhantes cogitações, no objeto de se fazer de cada homem um Matusalém[88] sobre a Terra, são a criação incessante dos institutos da morte. A política, que incentiva a natalidade, não quer a criança senão para fazer dela, mais tarde, um soldado ou uma vivandeira, de

---

[86] N.E.: Controle de natalidade.
[87] N.E.: Thomas Robert Malthus (1766–1834), economista britânico, considerado o pai da demografia por sua teoria para o controle do aumento populacional, conhecida como malthusianismo
[88] N.E.: Patriarca bíblico do Antigo Testamento, cuja longevidade (969 anos) se tornou proverbial. (GÊNESIS, 5:21–27.)

acordo com a determinação do sexo. O monstro da guerra aí está ainda, como a Hidra de Lerna, envolvendo todos os povos do planeta nos seus tentáculos destruidores.

Todos os progressos da civilização se canalizam para esse gosto homicida. O animal político de Aristóteles não vive senão para destruir seus semelhantes e, nos departamentos de guerra de todos os países existem os técnicos de novos aparelhos de destruição.

Nestes últimos tempos, um ilustre médico europeu inventou piedosamente uma espécie de máscara protetora contra todos os gases mortíferos conhecidos. Apresentando o invento humanitário ao seu diretor de laboratório, obteve uma resposta curiosa:

— Muito bem, meu amigo. A tua criação merece o apoio do governo e a admiração dos teus colegas; todavia, é preciso agora que utilizes as tuas faculdades inventivas na criação de um gás mais poderoso do que essa máscara, e que a possa inutilizar no momento oportuno.

É dentro dessa mentalidade que se desdobram as atividades humanas.

Os cientistas que desejarem prestar o concurso dos seus conhecimentos à humanidade, devem ocupar-se de problemas menos complexos do que o da inconveniente longevidade das criaturas.

Antes de tudo, é necessário educar o Espírito para o saneamento moral da vida das coletividades. Quando o homem conhecer a sua condição de usufrutuário do patrimônio divino, as armas da ambição, do egoísmo e do orgulho estarão ensarilhadas para sempre. A morte, nesse plano ideal de conhecimento superior, deixará de ser a espada de Dâmocles, no banquete da vida, porquanto não mais existirá na imaginação das criaturas integradas no conhecimento de sua imortalidade espiritual.

Os cientistas que estudam a longevidade do corpo são os que tateiam, voluntariamente, nas sombras da noite, despercebidos de que as claridades do dia virão fatalmente iluminar-lhes o caminho da ascensão para Deus.

Que se desviem de semelhantes excentricidades, empregando os seus esforços na solução de problemas mais úteis e mais urgentes. Em vez de criarem novas teorias para que o mundo fique repleto de corpos imortais, seria melhor que cultivassem batatas, a fim de que os pobres da Terra tenham um pão pela hora da vida.

~ 31 ~
O elogio do operário

1º de maio de 1937

Às portas do Céu bateram, um dia, um político, um soldado e um operário. No entanto Gabriel, o anjo que na ocasião velava pela tranquilidade do paraíso, não quis atender-lhes às rogativas, sem previamente consultar o Senhor sobre aquelas três criaturas recém-chegadas da Terra.

Depois de inquiri-las quanto às suas atividades na superfície do mundo, procurou o Mestre, a quem falou humildemente:

— Senhor, um político, um soldado e um operário, vindos da Terra longínqua, desejam receber vossas divinas graças, ansiosos de gozar das felicidades celestes.

— Gabriel — disse o Salvador —, que habilitações trazem do mundo essas almas para viverem na paz da casa de Deus? Bem sabes que cada homem edifica, com a sua vida, o seu inferno, ou o seu paraíso... Vamos porém, ao que nos interessa: Que fez o político sobre a Terra?

O Anjo, bem impressionado com a figura do diplomata, que impetrara os seus bons ofícios, exclamou com algum entusiasmo:

— Trata-se de um homem de elevado nível cultural. Suas informações revelaram-me um Espírito de gosto refinado no trato da civilização e das leis. Foi um preclaro estadista, cuja existência decorreu nos bastidores da administração pública e nos torneios eleitorais, no qual consumiu todas as suas energias. Em troca de seus labores, os homens lhe tributaram as mais subidas honras nas suas exéquias. Seu cadáver embalsamado, num ataúde de vidro, percorreu duzentas léguas para ficar guardado nos mármores preciosos do Panteão Nacional.

— Mas... — objetou entristecido o Mestre — Esse homem teria cumprido as leis que ditava para os outros? Teria observado a prática do bem, a única condição para entrar no paraíso, absorvido, como se achava, na enganosa volúpia das grandezas terrenas?

— A luta política, Senhor, tomava-lhe todo o tempo — respondeu solícito o Anjo —; os tratados jurídicos, as tabelas orçamentárias, as fontes históricas, as questões diplomáticas, os compêndios de Ciências Sociais, não davam lugar a que ele se integrasse no conhecimento da vossa palavra...

— Entretanto, o meu Evangelho deveria ser a bússola de quantos se colocam na direção da humanidade...

E, como se intimamente lastimasse a situação do infeliz, o Mestre rematou:

— Aqui não há lugar para ele. Não se conquistam as venturas celestes com a riqueza de teorias da Terra. Dir-lhe-ás que retorne ao mundo, a fim de voltar mais tarde ao paraíso, pela porta do bem, da caridade e do amor.

"E o soldado, que serviços apresenta em favor da sua pretensão?".

— Esse — replicou Gabriel — foi um herói na terra em que nasceu. Seus atos de valor e de bravura deram causa a que fosse promovido pelos seus superiores hierárquicos à posição de chefe das forças militares em operações, na última guerra. Tem o peito coberto de medalhas e de insígnias valiosas, das ordens patrióticas e das legiões de honra; seu nome é lembrado no mundo com carinhoso respeito. Aos seus funerais compareceram representações de vários países do mundo e inúmeras coletividades acompanharam-lhe as cinzas ilustres, que, envolvidas na bandeira da sua pátria, foram guardadas num monumento majestoso de soberbo carrara.

— Infelizmente — exclamou amargurado o Senhor —, o Céu está fechado para os homens dessa natureza. É inacreditável que sejam glorificados no orbe terrestre aqueles que matam a pretexto de patriotismo. Nunca pus no verbo dos meus enviados, no planeta, outra lei que não fosse aquela do — "amai a Deus sobre todas as coisas e ao próximo como a vós mesmos". Nunca houve uma determinação divina para que os homens se separassem entre pátrias e bandeiras. De Sul a Norte, do Oriente ao Ocidente, todos os Espíritos encarnados são filhos de Deus, e qualquer deles pode ser meu discípulo. Os homens que semeiam a ruína e a destruição não podem participar da tranquilidade do paraíso.

"E o operário, que fatos lhe justificam a presença nas portas do Céu?".

— Esse — elucidou Gabriel — quase nada tem a contar dos seus amargurados dias terrestres. Os sopros frios da adversidade, em toda a existência, perseguiram-no por meio das estradas do destino, e a fé em vossa complacência e em vossa misericórdia foi sempre a sua âncora de salvação, no oceano de suas lágrimas em que passava o barco miserável da sua vida. Trabalhou com o esforço poderoso das máquinas e foi colaborador desconhecido do bem-estar dos afortunados da Terra. Nunca recebeu compensação digna do seu trabalho, e consumiu-se no holocausto à coletividade e à família... Entretanto, Senhor, ninguém conheceu as tempestades de lágrimas do seu coração afetuoso e sensível, nem as dificuldades dolorosas dos seus dias atormentados no mundo. Viveu com a fé, morreu com a esperança e o seu corpo foi recolhido pela caridade de mãos piedosas e compassivas que o abrigaram na sepultura anônima dos desgraçados...

— O Céu pertence a esse herói, Gabriel — disse o Mestre alegremente. — Suas esperanças colocadas no meu amor são sementes benditas que frutificarão na percentagem de mil por um. Se os homens o ignoram, o Céu deve conhecer os seus heroísmos obscuros e os seus sacrifícios nobilitantes. Ao passo que o político organizava leis que não cumpria, ele se imolava no desempenho dos deveres santificadores. À medida que o soldado destruía irmãos, seus braços faziam o milagre do progresso e do bem-estar da humanidade. Enquanto os despojos dos primeiros foram encerrados nos mármores frios e imponentes das falsas homenagens da Terra, seu corpo de lutador se dissolveu no solo, acentuando os perfumes na natureza e enriquecendo o grão que alimenta as aves alegres, na mesma harmonia eterna e doce que regeu os sentimentos do seu coração e os atos do seu Espírito. Esse, Gabriel, faz parte dos heróis do Céu, que a Terra nunca quis conhecer.

E, enquanto o político e o soldado voltavam ao cadinho das reencarnações dolorosas da Terra, o operário de Deus se cobria com as claridades do Infinito, buscando outras possibilidades de trabalho para o seu amor e para o seu devotamento.

~ 32 ~
Aniversário do Brasil

7 de maio de 1937

Vem o Brasil de comemorar o 437º ano do seu descobrimento. Em todos os centros culturais do país, foi lembrada a célebre expedição de Álvares Cabral, que, em março de 1500, deixou Lisboa com as mais severas recomendações para os régulos da Ásia e que aportou primeiramente na ilha de Vera Cruz, cheia de árvores fartas e de rolas morenas cantando a inocência das terras inexploradas e virgens, cujo domínio Portugal havia pleiteado em Tordesilhas.

Os naturais ainda pareciam permanecer com a bênção divina no paraíso terrestre, pois não conheciam o sentimento que fizera Adão e Eva buscarem a folha de parra, envergonhados dos seus pormenores anatômicos; mas, frei Henrique de Coimbra, na primeira missa celebrada naquele deserto maravilhoso, tentou pregar para as gentes de Porto Seguro, que não lhe compreenderam as palavras, tomando, logo após aquele ato católico, os seus arcos e os seus tacapes, prosseguindo nas suas danças exóticas, sobre as ervas rasteiras da praia.

Sobre as grandes comemorações brasileiras destes últimos dias, não podemos mencionar as da política administrativa, que, no momento, estava preocupada com a eleição do presidente da Câmara Federal, sendo de destacar-se, somente, a Congregação Mariana no Rio de Janeiro. A Igreja, conhecendo profundamente a Psicologia das massas, reuniu mais de dez mil católicos na capital do país, realizando os seus movimentos com o apoio governamental. No entanto, não nos surpreendemos. Não se tratou de um congresso para a generalização do livro ou de novas facilidades da vida. Como frei Henrique de Coimbra, no dia 3 de maio de 1500, entre as madeiras toscas da Bahia, monsenhor Leovigildo Franca, na Feira de Amostras do Rio de Janeiro, dava explicações da missa ao povo do Brasil, com a diferença de que falava pelo rádio e com pouca esperança de ser entendido pelos seus patrícios, que, como outrora, se levantariam dali, com as suas cuícas e os seus pandeiros, procurando a favela ou a Mangueira, para um samba de quintal. Aliás, semelhante fato não será estranhável, considerando-se que o governo que apoiou a última concentração católica é o mesmo que subvenciona as festas carnavalescas, incentivando, por essa forma, o turismo no Brasil.

Todavia, longe das apreciações superficiais, que teria feito a nação em mais de quatrocentos anos de vida histórica e mais de um século de independência política? Com um território imenso, em que caberá possivelmente toda a população da Europa moderna, ela apenas conhece pouco mais de um décimo de suas possibilidades econômicas. Do vale soberbo do Amazonas às planícies do Prata, há um perfume de matas virgens na terra misteriosa e o mesmo livro infinito de sua natureza extraordinária espera ainda a raça ciclópica que escreverá nas suas páginas, ainda em branco, a mais bela talvez de todas as epopeias da humanidade, nos triunfos do Espírito.

É lastimável que as paixões políticas aí permaneçam, intoxicando inteligências e corações. A esses sentimentos nefastos deve-se a sensação de angustiosa expectativa que o país vem experimentando, nestes anos derradeiros, perturbando os seus surtos de trabalho e empobrecendo as suas fontes de produção. Os Espíritos, que aí se entregam ao vinho sinistro do interesse e da ambição, andam esquecidos de que são criminosos todos aqueles que destroem um abrigo diante da tempestade furiosa, sem apresentar um refúgio melhor aos náufragos desesperados. Como inaugurar-se uma nova experiência de novos regimespolíticos no país, se o próprio princípio democrático ainda não foi devidamente assimilado? Contudo, o que vemos no Brasil, nos últimos tempos, é a tendência para a desagregação das forças construtivas da nacionalidade, em lutas esterilizadoras.

Reza a História que, nos séculos passados, quando as hordas de bárbaros ameaçavam a Europa medieval, o sultão Amurat submeteu ao seu domínio as províncias gregas da Trácia, da Albânia e da Macedônia. Cheio de galardões e de vitórias, avançou para o Norte, em direção dos sérvios e dos búlgaros que, comandados por Lázaro e Sísman, lhe opuseram a mais encarniçada resistência. O orgulhoso sultão ganhou-lhes a grande batalha de Kosovo, mas, quando vitorioso contemplava com feroz alegria o campo forrado de sangue e de cadáveres, orgulhoso do seu feito e da sua glória, o sérvio Miloch levantou-se, no silêncio da praça destruída, e, lesto, cravou-lhe um punhal no coração.

A política brasileira dos últimos anos tem sido a repetição do mesmo quadro. Sempre um Amurat escalando o caminho da glória e da evidência, sobre as humilhações dos seus semelhantes, e sempre um Miloch saindo do seu anonimato para desferir-lhe o golpe supremo.

Porém... Não falemos de assunto tão ingrato, quanto inoportuno.

No dia de aniversário do Brasil, recordemos que o professor Tyndall acaba de anunciar os dez problemas mais importantes que a ciência terrestre terá de resolver nos próximos cem anos, neles incluindo a viagem à Lua e a alimentação química, lembrando ao ilustre catedrático da Pensilvânia que, não obstante as suas mestranças, esqueceu a questão da vitória do Evangelho.

E olhando o país maravilhoso em que todas as raças do planeta se encontraram para a glorificação da fraternidade e do amor, saudemos, com as emoções de nossa esperança, as terras afortunadas de Santa Cruz.

33
Uma venerável Instituição

2 de agosto de 1937

Parecerá estranho que os Espíritos desencarnados volvam à Terra para visitar as instituições humanas, velando pelo mecanismo dos seus trabalhos e agindo, indiretamente, nas suas deliberações.

A verdade, porém, é que isso constitui um acontecimento natural. Se os vivos continuam os trabalhos daqueles que os antecederam na jornada da morte, as almas do mundo invisível, nos planos em que me encontro, têm de voltar, em sua maioria, às lutas terrestres. Todas as edificações de uma época têm as suas bases profundas nas épocas que a precederam. Nenhum homem pode criar, por si só, alguma coisa, e sim desenvolver os princípios encontrados, aproveitando o material disperso para continuar a obra evolutiva, imprimindo-lhe a expressão do seu pensamento pessoal. Mesmo o inventor e o artista, com as largas reservas de possibilidade e paciência que os séculos de experiências acumularam nos escaninhos de suas personalidades, estão englobados nessa classificação. É que o progresso é uma obra coletiva. Cada criatura deixa uma nota na sua admirável sinfonia. As eras se interpenetram umas às outras, tal como se confundem, no oceano largo do tempo, os vivos e os mortos. A vida é o resultado das trocas incessantes e o isolamento é a única morte no concerto universal.

É considerando essas verdades, que me tenho dedicado a conhecer, dentro das minhas possibilidades, as instituições dos homens, voltando para falar delas com a minha linguagem característica, evitando o terreno do transcendentalismo, para fornecer, espontaneamente, a minha carteira de identificação.

Nas proximidades do edifício do Tesouro Nacional, na Avenida Passos, ergue-se a Federação Espírita Brasileira, guardando, na Cidade Maravilhosa, as grandes tradições da caridade e da esperança, filhas do coração de Ismael, cujo pensamento inspira as atividades do Evangelho nas terras de Santa Cruz.

Já tive ocasião de manifestar o meu respeito por essa Instituição venerável, cujas portas se abrem generosas para os famintos do pão espiritual e para os necessitados do corpo, ao lado do formigueiro humano, no qual se agitam cerca de dois milhões de pessoas. Conhecendo-lhe, embora, a finalidade evangélica, em cuja base imortal repousam os seus labores associativos, no objetivo de emprestar a minha colaboração humilde ao desdobramento dos seus programas, procurei alcançar numa visão de detalhe a sua obra edificadora.

A visita de um desencarnado não se verifica conforme as praxes sociais que presidem no mundo dos homens de carne a um ato dessa natureza; mas, no pórtico da Casa de Ismael encontrei o mesmo Pedro Richard, que me levou a observar as intimidades do seu santuário.

Visitei, uma a uma, as suas dependências.

Nas escadarias e nos gabinetes amplos, não somente se reúnem os médiuns abnegados e os sofredores que aí os procuram diariamente. Verdadeiras legiões de seres invisíveis, que os vivos considerariam como fileiras de sombras, deslizam pelas salas e pelos corredores, revezando-se no sagrado mister da caridade, fornecendo o que podem, no labor piedoso e cristão.

A presença dos enfermeiros invisíveis enche a atmosfera da casa de fluidos suaves e balsâmicos. É, talvez, por esse motivo, que alguns amigos meus procuravam descansar na Federação, quando passávamos nas vizinhanças da antiga rua do Sacramento, cansados dos rumores urbanos e das longas distâncias, acreditando alcançar aí um banho regenerador de suas energias psíquicas.

— Aqui — explicava Pedro Richard —, nos reunimos todos nós, os que amamos as claridades do Evangelho, ansiosos de repartir as esperanças da Boa-Nova. Há lugar, nesta casa, para todos os trabalhadores, e basta querer para que cada um seja incorporado à caravana que nunca se dissolve. À maneira daqueles coxos e estropiados, a que se referia Jesus no seu ensinamento, vivemos pela misericórdia do Senhor, que não nos desampara com a sua bondade infinita. O banquete de Ismael está aqui sempre posto e, das alturas divinas, caem sobre o seu templo humano as flores da esperança, da piedade e do perdão, transformadas em bênçãos de Deus, repartidas, como a luz do sol, com todos os corações. Aproveitamos, nos estudos da Doutrina, aquela parte que representava a predileção de Maria, em contraposição com os trabalhos apressados e inquietos de Marta, segundo a observação do divino Mestre, e pugnamos pelo esforço da reforma interior de cada um, reconhecendo que somente na assimilação dos princípios morais da Doutrina, em sua feição de Cristianismo restaurado, poderemos atingir a finalidade de nossas preocupações.

— Mas — perguntei admirado — a Instituição desprezará, porventura, as expressões científicas do Espiritismo?

— De modo algum — respondeu-me solícito —, seus aspectos fenomênicos merecem da Federação todo o zelo possível, mas essas expressões da Ciência representam os meios e não o fim, constituindo, desse modo, corolários das expressões morais do ensinamento dos Espíritos, chegando-se à ilação de que nada se terá feito sem a edificação das consciências, à luz dos seus princípios. Haja vista o que aconteceu na Europa, bafejada por tantos fenômenos extraordinários. Com algumas exceções, os sábios que ali se ocuparam do assunto, possuídos do mais avançado personalismo, definiram os fatos mediúnicos, dentro de suas vaidades pessoais, complicando o estudo da Doutrina com o sabor científico de suas palavras, desconhecendo a profunda simplicidade dos ensinamentos revelados.

— É com essa expressão religiosa e regeneradora que o Espiritismo conta esclarecer os problemas do campo social? — perguntei ainda.

— De fato — continuou o meu generoso amigo —, toda a vitória da Doutrina tem de começar no coração. Sem o selo da renovação interior, qualquer tentativa de reforma constitui um caminho para novas desilusões. Seria, pois, inútil organizarmos grandes movimentos para uma salvação imediata, se o Espírito geral se encontra nas sombras. Onde se terá visto uma colheita sem o trabalho da semeadura? A missão dos espíritas não representa, portanto, uma tarefa artificiosa e nem lhes compete disseminar os laboratórios de ilusões. Suas responsabilidades são muito grandes no campo da educação evangélica das massas e no plano da caridade pura, assistindo os sofredores e os desesperados. Esse campo de trabalho moral é o imenso reservatório das forças indestrutíveis da Nova Revelação, e a beleza dos seus aspectos tem seduzido muitas mentalidades de elite do mundo inteiro. Mesmo a esta Casa têm aportado muitos Espíritos brilhantes, vindos da Política e da Ciência, considerando que o Espiritismo, verdadeiramente interpretado, é a síntese maravilhosa que abrange todas as atividades humanas, no sentido de aperfeiçoá-las para o bem comum.

— No entanto— ponderei — não seria aconselhável movimentarem-se os elementos da Doutrina, projetando-se as expressões de seus valores no mundo das realizações?

— Não, reprovamos quantos se entregam, desde já, aos trabalhos dessa natureza, reconhecendo que o Espiritismo é um campo imenso, onde cada qual tem a sua tarefa a desempenhar, e no qual o exclusivismo pecará sempre pela inoportunidade; mas, julgamos prudente criar-se a mentalidade evangélica, antes das obras espíritas, a fim de que elas não se percam nos labirintos do mundo e para que sejam devidamente cultivadas pelos verdadeiros discípulos do único Mestre, que é Jesus Cristo.

As palavras esclarecedoras de Richard calaram-me no Espírito. Compreendi que, de fato, nunca, como agora, a sociedade humana precisou tanto de recorrer ao auxílio sobrenatural do mundo invisível, para reorganizar as suas energias, a fim de manter a sua própria estabilidade moral.

Em companhia do mesmo amigo, voltei para o saguão de entrada do edifício, onde se reunia a legião de aflitos e de consolados.

Era noitinha. A Avenida Passos regurgitava de automóveis de luxo, plena de luz e de movimento. E, enquanto os sujeitos felizes procuravam, no coração enorme da cidade, as casas alegres da noite, uma grande multidão de pessoas, ricas e pobres, subia com humildade as escadas do grande edifício, para se curvarem sobre o Evangelho, procurando aí a lição divina e o socorro espiritual. E antes que me confundisse, de novo, com as coisas da minha nova vida, lembrei-me das primitivas assembleias cristãs, onde se misturavam todas as posições sociais no exemplo de fraternidade apostólica, no recanto humilde das catacumbas romanas.

Pedro Richard estava com a razão.

É verdade que Nero não está hoje no poder, mas os circos dos suplícios foram substituídos, prevalecendo a mesma perversidade entre os homens, envenenando-lhes o coração. Aos funestos efeitos de uma nova aliança com Constantino, é preferível, portanto, esclarecer e iluminar o coração de Constantino.

34
Carta a minha mãe

Hoje, mamãe, eu não te escrevo daquele gabinete cheio de livros sábios, em que o teu filho, pobre e enfermo, via passar os espectros dos enigmas humanos, junto da lâmpada que, aos poucos, lhe devorava os olhos, no silêncio da noite.

A mão que me serve de porta-caneta é a mão cansada de um homem paupérrimo, que trabalhou o dia inteiro buscando o pão amargo e cotidiano dos que lutam e sofrem. A minha secretária é uma tripeça tosca à guisa de mesa e as paredes que me rodeiam são nuas e tristes, como aquelas da nossa casa desconfortável em Pedra do Sal. O telhado sem forro deixa passar a ventania lamentosa da noite e desse remanso humilde, no qual a pobreza se esconde exausta e desalentada, eu te escrevo sem insônias e sem fadigas, para contar-te que ainda estou vivendo para amar e querer a mais nobre das mães.

Quereria voltar ao mundo que deixei, para ser novamente teu filho, desejando fazer-me um menino, aprendendo a rezar com o teu Espírito santificado nos sofrimentos.

A saudade do teu afeto leva-me constantemente a essa Parnaíba das nossas recordações, cujas ruas arenosas, saturadas do vento salitroso do mar, sensibilizam a minha personalidade e, dentro do crepúsculo estrelado da tua velhice cheia de crença e de esperança, vou contigo, em Espírito, nos retrospectos prodigiosos da imaginação, aos nossos tempos distantes. Vejo-te com os teus vestidos modestos, em nossa casa de Miritiba, suportando com serenidade e devotamento os caprichos alegres de meu pai. Depois, faço a recapitulação dos teus dias de viuvez dolorosa, junto da máquina de costura e do teu "terço" de orações, sacrificando a mocidade e a saúde pelos filhos, chorando com eles a orfandade que o destino lhes reservara, e, junto da figura gorda e risonha da Midoca, ajoelho-me aos teus pés e repito:

— Meu Senhor Jesus Cristo, se eu não tiver de ter uma boa sorte, levai-me deste mundo, dando-me uma boa morte.

Muitas vezes o destino te fez crer que partirias antes daqueles que havias nutrido com o beijo das tuas carícias, demandando os mundos ermos e frios da morte. No entanto partimos e tu ficaste. Ficaste no cadinho doloroso da saudade, prolongando a esperança numa vida melhor no seio imenso da Eternidade. E o culto dos filhos é o consolo suave do teu coração. Acariciando os teus netos, guardas com o mesmo desvelo o meu cajueiro, que aí ficou como um símbolo plantado no coração da terra parnaibana, e, carinhosamente, colhes das suas castanhas e das suas folhas fartas e verdes, para que as almas boas conservem uma lembrança do teu filho, arrebatado no turbilhão da dor e da morte.

Ao Mirocles, mamãe, que providenciou quanto ao destino desse irmão que aí deixei, enfeitado de flores e passarinhos, estuante de seiva, na carne moça da terra, pedi velasse pelos teus dias de isolamento e velhice, substituindo-me junto do teu coração. Todos os nossos te estendem as suas mãos bondosas e amigas e é assombrada que, hoje, ouves a minha voz, por meio das mensagens que tenho escrito para quantos me possam compreender.

Sensibilizam-me as tuas lágrimas, quando passas os olhos cansados sobre as minhas páginas póstumas e procuro dissipar as dúvidas que torturam o teu coração, combalido nas lutas. Assalta-te o desejo de me encontrares, tocando-me com a generosa ternura de tuas mãos, lamentando as tuas vacilações e os teus escrúpulos, temendo aceitar as verdades espíritas, em detrimento da fé católica, que te vem sustentando nas provações. Mas, não é preciso, mãe, que me procures nas organizações espiritistas e, para creres na sobrevivência do teu filho, não é preciso que abandones os princípios da tua fé. Já não há mais tempo para que teu Espírito excursione em experiências no caminho vasto das filosofias religiosas.

Numa de suas páginas, dizia Coelho Neto que as religiões são como as linguagens. Cada doutrina envia a Deus, a seu modo, o voto de súplica ou de adoração. Muitas mentalidades entregam-se, aí no mundo, aos trabalhos elucidativos da polêmica ou da discussão. Chega, porém, um dia em que o homem acha melhor repousar na fé a que se habituou, nas suas meditações e nas suas lutas. Esse dia, mamãe, é o que estás vivendo, refugiada no conforto triste das lágrimas e das recordações. Ascendendo às culminâncias do teu calvário de saudade e de angústia, fixas os olhos na celeste expressão do Crucificado e Jesus, que é a providência misericordiosa de todos os desamparados e de todos os tristes, te fala ao coração dos vinhos suaves e doces de Caná, que se metamorfosearam no vinagre amargoso dos martírios, e das palmas verdes de Jerusalém, que se transformaram na pesada coroa de espinhos. A cruz, então, se te afigura mais leve e caminhas. Amigos devotados e carinhosos te enviam de longe o terno consolo dos seus afetos e, prosseguindo no teu culto de amor aos filhos distantes, esperas que o Senhor, com as suas mãos prestigiosas, venha decifrar para os teus olhos os grandes mistérios da vida.

Esperar e sofrer têm sido os dois grandes motivos, acerca dos quais rodopiaram os teus quase setenta e cinco anos de provações, de viuvez e de orfandade.

E eu, minha mãe, não estou mais aí para afagar-te as mãos trêmulas e os cabelos brancos que as dores santificaram. Não posso prover-te de pão e nem guardar-te da fúria da tempestade, mas, abraçando o teu Espírito, sou a força que adquires na oração, como se absorvesses um vinho misterioso e divino.

Inquirido, certa vez, pelo grande Luiz Gama[89] sobre as necessidades da sua alforria, um jovem escravo lhe observou:

— Não, meu senhor!... A liberdade que me oferece me doeria mais que o ferrete da escravidão, porque minha mãe, cansada e decrépita, ficaria sozinha nos misteres do cativeiro.

Se Deus me perguntasse, mamãe, sobre os imperativos da minha emancipação espiritual, eu teria preferido ficar, não obstante a claridade apagada e triste dos meus olhos e a hipertrofia que me transformava num monstro, para levar-te o meu carinho e a minha afeição, até que pudéssemos partir juntos, desse mundo em que tudo sonhamos para nada alcançar.

Se a morte, porém, parte os grilhões frágeis do corpo, é impotente para dissolver as algemas inquebrantáveis do Espírito.

Deixa que o teu coração prossiga, oficiando no altar da saudade e da oração; cântaro divino e santificado, Deus colocará dentro dele o mel abençoado da esperança e da crença, e, um dia, no portal ignorado do mundo das sombras, eu virei, de mãos entrelaçadas com a Midoca, retrocedendo no tempo, para nos transformarmos em tuas crianças bem-amadas. Seremos agasalhados, então, nos teus braços cariciosos, como dois passarinhos minúsculos, ansiosos da doçura quente e suave das asas maternas, e guardaremos as nossas lágrimas nos cofres de Deus, na qual elas se cristalizam como as moedas fulgurantes e eternas do erário de todos os infelizes e desafortunados do mundo.

Tuas mãos segurarão ainda o "terço" das preces inesquecidas e nos ensinarás, de joelhos, a implorar, de mãos postas,

---

[89] N.E.: Luiz Gonzaga Pinto da Gama. (1830–1882), foi um advogado, jornalista e escritor brasileiro.

as bênçãos prestigiosas do Céu. E, enquanto os teus lábios sussurrarem de mansinho *Salve-Rainha... mãe de misericórdia...*, começaremos juntos a viagem ditosa do Infinito, sob o dossel luminoso das nuvens claras, tênues e alegres do amor.

～ 35 ～
Trago-lhe o meu adeus sem prometer voltar breve

Apreciando, em 1932, o *Parnaso de além-túmulo*, que os poetas desencarnados mandaram ao mundo por intermédio de você, chamei a atenção dos estudiosos para a incógnita que o seu caso apresentava. Os estudiosos, certamente, não apareceram. Deixando, porém, o meu corpo minado por uma hipertrofia renitente, lembrei-me do acontecimento. Julgara eu que os bardos "do outro mundo", com a sua originalidade estilar se comprometiam pela eternidade da produção, no falso pressuposto de que se pudessem identificar por outra forma. Encontrando ensejo para me fazer ouvir por intermédio de suas mãos, escrevi crônicas póstumas que o Sr. Frederico Figner[90] transcreveu nas colunas do *Correio da manhã*.

Não imaginei que o humilde escritor desencarnado estivesse ainda na lembrança de quantos o viram desaparecer. E

---

[90] N.E.: Fred Figner (1866–1947), empresário pioneiro, responsável pelo início da história da música popular brasileira gravada.

as minhas palavras provocaram celeuma. Discutiu-se e ainda se discute.

Você foi apresentado como hábil fazedor de pastichos e os noticiaristas vieram averiguar o que havia de verdadeiro a respeito do seu nome.

Colheram informes. Conheceram a honestidade da sua vida simples e as dificuldades dos seus dias de pobre. E, por último, quiseram ver como você escrevia a mensagem dos mortos, qual uma Remington acionada por dedos invisíveis.

Tive pena quando soube que iam conduzi-lo a um teste e recordei-me do primeiro exame a que me sujeitei aí, com o coração batendo forte.

Fiz questão de enviar-lhes algumas palavras, como o homem que fala de longe à sua pátria distante, por meio das ondas de hertz, sem saber se os seus conceitos serão reconhecidos pelos patrícios, levando em conta as deficiências do aparelho receptor e os desequilíbrios atmosféricos. Todavia, bem ou mal, consegui falar alguma coisa. Eu devia essa reparação à Doutrina que você sinceramente professa.

Esperariam, talvez, que eu falasse sobre os fabulosos canais de Marte, sobre a natureza de Vênus, descrevendo, como os viajantes de Jules Verne,[91] a orografia da Lua. Julgo, porém, que, por enquanto, me é mais fácil uma discussão sobre o diamagnetismo de Faraday.

Admiraram-se quando enxergaram a sua mão vertiginosa correndo sobre as linhas do papel.

A curiosidade jornalística é agora levantada acercada sua pessoa. É possível que outros acorram para lhe fazer suas visitas. No entanto, ouça bem, não me espere como a pitonisa de Êndor, aguardando a sombra de Samuel, para fazer predições a Saul sobre as suas atividades guerreiras. Não sei movimentar as trípodes

---

[91] N.E.: Escritor francês (1828–1905). Sua mais famosa obra literária foi *Vinte mil léguas submarinas* (*Vingt mille lieues sous les mers*).

espiritistas e, se procurei falar naquela noite, é que o seu nome estava em jogo. Colaborei, assim, na sua defesa. Agora, porém, que os curiosos o procuram na sua ociosidade, busque você, no desinteresse, a melhor arma para desarmar os outros. Eu voltarei, provavelmente, quando o deixarem em paz na sua amargurada vida.

Não desejo escrever maravilhando a ninguém e tenho necessidade de fugir a tudo o que tenho obrigação de esquecer.

Fique, pois, com a sua cruz, que é bem pesada, por amor daquele que acende o lume das estrelas e o lume da esperança nos corações. A mediunidade posta ao serviço do bem é quase a estrada do Gólgota, mas a fé transforma em flores as pedras do caminho. Li aí, certa vez, num conto delicado, que uma mulher, em meio a sofrimentos acerbos, apelara para Deus, a fim de que se modificasse a volumosa cruz da sua existência. Como a filha de Cipião, vira nos filhos as joias preciosas da sua vaidade e do seu amor; mas, como Níobe, vira-os arrebatados no torvelinho da morte, impelidos pela fúria dos deuses. Tudo lhe falhara nas fantasias do amor, do lar e da ventura.

— Senhor — exclama ela —, por que me deste uma cruz tão pesada? Arranca dos meus ombros fracos esse insuportável madeiro!

Nas asas brandas do sono, porém, a sua alma de mulher viúva e órfã foi conduzida a um palácio resplandecente. Um anjo do Senhor recebeu-a no pórtico, com a sua bênção. Uma sala luminosa e imensa lhe foi designada. Toda ela se enchia de cruzes. Cruzes de todos os feitios.

— Aqui — disse-lhe uma voz suave — se guardam todas as cruzes que as almas encarnadas carregam na face triste do mundo. Cada um desses madeiros traz o nome do seu possuidor. Atendendo, porém, à tua súplica, ordena Deus que escolhas aqui uma cruz menos pesada do que a tua.

A mulher preferiu, conscientemente, aquela cujo peso competia com as suas possibilidades, escolhendo-a entre todas.

No entanto, apresentando ao mensageiro divino a de sua preferência, verificou que na cruz escolhida se encontrava insculpido o seu próprio nome, reconhecendo a sua impertinência e rebeldia.

— Vai — disse-lhe o Anjo — com a tua cruz e não descreias! Deus, na sua misericordiosa justiça, não poderia macerar os teus ombros com um peso superior às tuas forças.

Não desanime, portanto, na faina em que se encontra, carregando esse fardo penoso que todos os incompreendidos já carregaram. E agora que os bisbilhoteiros o procuram, trago-lhe o meu adeus, sem prometer voltar breve.

Que o Senhor derrame sobre você a sua bênção, que conforta todos os infortunados e todos os tristes.

Em fraternal saudação a Humberto de Campos

Começa assim, no volume de suas *Memórias*,[92] o capítulo 32, intitulado *Um amigo de infância*:

> No dia seguinte ao da mudança para a nossa pequena casa dos Campos, em Parnaíba, em 1896, toda ela cheirando ainda a cal, a tinta e a barro fresco, ofereceu-me a natureza, ali, um amigo. Entrava eu no banheiro tosco, próximo ao poço, quando os meus olhos descobriram no chão, no interstício das pedras grosseiras que o calçavam, uma castanha-de-caju que acabava de rebentar, inchada, no desejo vegetal de ser árvore. Dobrado sobre si mesmo, o caule parecia mais um verme, um caramujo a carregar a sua casca, do que uma planta em eclosão. A castanha guardava, ainda, as duas primeiras folhas úmidas e avermelhadas, as quais eram como duas joias flexíveis que tentassem fugir ao seu cofre.
> — Mamãe, olhe o que eu achei! — grito, contente, sustendo na concha das mãos curtas e ásperas o monstrengo que ainda sonhava com o Sol e com a vida.
> — Planta, meu filho... Vai plantar... Planta-a no fundo do quintal, longe da cerca...

---

[92] N.E.: Livraria Editora José Olímpio, 6. ed.

> Precipito-me, feliz, com a minha castanha viva.
> A trinta ou quarenta metros da casa, estaco. Faço com as mãos uma pequena cova, enterro aí o projeto de árvore, cerco-o de pedaços de tijolos e telhas. Rego-o. Protejo-o contra a fome dos pintos e a irreverência das galinhas. Todas as manhãs, ao lavar o rosto, é sobre ele que tomba a água dessa ablução alegre. Acompanho com afeto a multiplicação das suas folhas tenras. Vejo-as mudar de cor, na evolução natural da clorofila. E cada uma, estirada e limpa, é como uma língua verde e móbil, a agradecer-me o cuidado que lhe dispenso, o carinho que lhe voto, a água gostosa que lhe dou.

Pois bem, esse recanto do terreno da casa em que ele, na quadra infantil, residiu longos anos, nessa Parnaíba tão decantada em seus escritos e, particularmente, no volume que vimos de citar, foi, após a sua desencarnação, transformado num jardim público, a que deram a denominação de Parque "Humberto de Campos".

Ocioso dizer que o que inspirou a transformação daquele fundo de quintal em parque, com o nome do humorista notável e talentoso cronista nascido no Maranhão, foi a circunstância de ostentar-se ali o belo e frondoso cajueiro por ele plantado, quando ainda na primeira infância, e ao qual consagrou, em suas *Memórias*, nada menos de sete páginas, donde se evola forte o perfume da saudade e das recordações doces, que tantas emoções despertam nas almas sensíveis, mormente em dias de sofrimento e amargor, se já começaram a descer sobre a criatura as sombras melancólicas do ocaso da existência.

Nem só, entretanto, no mencionado capítulo das suas *Memórias*, fala Humberto da hoje pujante árvore que as suas mãos de criança viva e travessa plantaram um dia, em semente, lá perto da cerca do amplo terreno em que ele multiplicava, despreocupado, os brincos da meninice, na sua inolvidável Parnaíba. Além de várias outras referências ao cajueiro querido, na extensa obra literária que deixou como escritor humano, ainda agora, como escritor do mundo invisível, na penúltima das mensagens que este volume contém — "Carta a minha mãe" — alude à árvore amada, nestes termos tocantes, como o são, aliás, todos os dessa comovente página que o seu Espírito traçou, da outra margem da vida, acionando o lápis de Francisco Cândido Xavier: "Ao Mirocles, mamãe, que providenciou quanto ao destino desse irmão que aí deixei, enfeitado de flores e passarinhos, estuante de seiva, na carne moça da terra...".

Exprime ele assim, sem dúvida, quão grata foi, ao seu coração amorável, a ideia de realçarem a beleza do seu "irmão" frondoso, pondo-o em destaque na moldura de um parque singelo, mas donairoso, em que "como um símbolo plantado no coração da terra parnaibana", segundo as suas mesmas expressões em "Carta a minha mãe", aquele, como que orgulhoso do irmão que ali o deixou, se ergue cheio de majestade, a perpetuar, "para as almas boas", a lembrança de quem, "arrebatado no turbilhão da dor e da morte", vive agora feliz. Feliz, sim, porque liberto da prisão da carne, e feliz também, porque preso pelos grilhões do afeto transbordante de uma alma de escol, a da veneranda velhinha que aguarda, paciente e resignada, depois de muito sofrer, também lhe soe a hora da libertação, para juntar-se de novo ao filho idolatrado, nos páramos da verdadeira vida.

Assim sendo, gratíssimo igualmente nos é associar-nos à homenagem que a bem inspirada e piedosa iniciativa da criação do Parque "Humberto de Campos" envolve, sem, contudo, a restringirmos ao homem que, pelo fulgor da sua inteligência, se impôs à admiração e à estima dos seus contemporâneos e dos pósteros, tanto quanto pela soma de seus dotes morais. Antes, rendemo-la, de preferência, ao seu Espírito, pela magnitude do esforço e pela caridosa solicitude com que procura, desde que se romperam os véus que lhe impediam a visão da verdade espiritual, demonstrar, aos homens incrédulos, não só a realidade positiva da sobrevivência da alma, como a da sua existência no

Além, qual a revelou e continua a patentear o Espiritismo, esse Espiritismo que na Terra pouco lhe atraiu a atenção.

E é tomados de emoção viva e de legítimo encantamento, ante a grandiosidade desse esforço a que ele se lançou com prodigioso devotamento e que lhe conservará, pelos tempos afora, o nome e os feitos, mais do que todas as obras que haja produzido e pudesse produzir como homem, como Espírito encarnado, por muito geniais fossem elas, que nos juntamos aos que lhe exalçaram, para os dias atuais, o nome e a lembrança, fundando o parque no qual frondeia, opulento da seiva que lhe fornece "a carne moça da terra", o seu inesquecível cajueiro.

Fazemo-lo da maneira que se nos apresenta objetivamente possível neste instante em que, reunidas em volume, entregamos à deleitação dos estudiosos e aos amantes das belas-letras as suas *Crônicas de além-túmulo*: reproduzindo aqui, como um símbolo, conforme ele próprio o qualificou, símbolo certamente de grandeza e elevação espiritual, pois que instituído "para as almas boas", a imagem da árvore imponente, numa fotografia do parque em que ela altaneira se levanta, fotografia essa que a sua carinhosa progenitora ofertou a um excelente companheiro nosso, quando, em janeiro do ano corrente, a viajar por todo o Norte, logrou visitá-la, graças à gentileza de um amigo comum.

Deparando-se-lhe, no visitante, um admirador entusiasta do seu saudoso Humberto, em cujo Espírito conta ele bondoso amigo invisível, a respeitável anciã não se contentou com o lhe presentear a reprodução fotográfica de uma solenidade que lhe há de ter feito derramar não poucas lágrimas de comoção e saudade: escreveu-lhe nas costas uma dedicatória bastante eloquente na sua simplicidade.

Esta circunstância torna para nós a sua transcrição aqui mais que um dever — um ato de culto reverente a esse duplo amor, materno-filial, que de longe nos evos traz enlaçadas duas almas legitimamente irmãs e fundidas, por ele e para sempre, no amor infinito de Deus. Diz assim a dedicatória:

> Ao Sr. José Maria Macedo Santos ofereço, como lembrança da honrosa visita que me fez, a fotografia do Parque "Humberto de Campos", no dia de sua inauguração. Com sincera gratidão da humilde criada — Ana C. Veras. — Parnaíba, 10 de janeiro de 1937.

Excelsior! Dizemos, ao encerrar estas linhas pobres de uma homenagem que só não é desprezível porque feita de coração aberto, dizendo-o em saudação fraternal, e à maneira de sincero reconhecimento, ao Espírito amigo que foi entre nós.

HUMBERTO DE CAMPOS.

Índice geral[93]

Abissínia
 localização da – 9
Agrigento, Empédocles de, filósofo
 suicídio de – 25
Aguarod, Angel
 Charles Richet e – 16, nota
Albuquerque, Medeiros e
 biografia de – *Ao leitor*, nota
Alvarenga, Inácio de
 Inconfidência Mineira e – 29
Alves, Castro, poeta
 Vozes d'África e – 9
Amanuense
 significado do termo – 1, nota
Anais das ciências psíquicas, revista
 Charles Richet e – 16, nota
Anchieta
 biografia de – 10, nota
 palavras do Evangelho e – 10
 Piratininga e – 10
Andrade, Freire de
 Inconfidência Mineira e – 29

Anica, dona
 mãe de Humberto de Campos – 3
Anosa
 significado do termo – 6, nota
Antístenes, filósofo
 imparcialidade a respeito de Sócrates
 e – 25
Antoninho
 tio de Humberto de Campos – 6
Apodo
 significado do termo – 15, nota
Arco de Esopo, O, livro
 Humberto de Campos e – 27
Associação Brasileira de Imprensa
 Berilo Neves, escritor, e – 19, nota
Barbosa, Domingos Vidal
 Inconfidência Mineira e – 29
Batista, João, precursor
 Jesus e tarefa de – 21
 retiro no deserto e – 21
Batista, João, São
 casa subterrânea no – 3

---

[93] N.E.: Remete ao número do capítulo.

Índice geral

Biarritz
  localização de – 26, nota
Birth control
  significado da expressão – 30, nota
Bismarck, príncipe de
  remanescentes do * e negócios franco-alemães – 1
Brandão, Beatriz Francisca
  Inconfidência Mineira e – 29
Büchner, Karl Georg
  biografia de – 21, nota
  fé da humanidade e – 21
Bueno, Amador
  Piratininga, cidade paulista, e – 10
Brasil
  disseminação da mensagem da imortalidade e – 13
  evolução das ideias espíritas no – 12
  hino da paz e – 13
  ilha de Vera Cruz e descobrimento do – 32
  Pátria Universal e – 13
  Pedro Álvares Cabral e descobrimento do – 32, nota
C..., coronel, da C...
  A., F., Dr., amigo de – 4
  acompanhamento de enterros e – 4
  amigo de Humberto de Campos – 4
  considerações sobre – 4
  dois espectros no cemitério e – 4
  ideias espíritas no mundo espiritual e – 4
C..., médico desencarnado
  comodismo, preconceito e – 12
  compreensão do Espiritismo e – 12
  visita de um fantasma pequenino e gracioso e – 12
Cabral, Pedro Álvares
  descobrimento do Brasil e – 32, nota
Cadeira elétrica
  Bruno Richard Hauptmann e – 17, nota
  supremo desrespeito pelas vidas humana e – 17
Campos, Humberto de
  alfabetos de Deus e – 1
  Ana C. Veras, mãe de – 35
  Anica, mãe de – 3
  Antoninho e recepção de * no plano espiritual – 6
  aprendizado da prece e – 3
  Arco de Esopo, O, livro, e – 27
  Associação Brasileira de Imprensa e – 19
  Augusto de Lima e – *Ao leitor*, nota
  Berilo Neves, escritor, e – 19, nota
  C..., coronel, da C... e – 4, nota
  capítulo evangélico e – 4, nota
  carta a Maria Lacerda e – 19, nota
  carta a minha mãe – 34
  carta de mãe maranhense e – 11
  castanha-de-caju e – 35
  claridades da sabedoria e – 3
  culpa diante da própria consciência e – 8
  defunto de Palermo e – 14
  descrença na sobrevivência espiritual e – *Ao leitor*
  dor, primeira luz de – 3
  dúvida, espada afiadíssima, e – 3
  entrevista com Judas Iscariotes e – 5
  entrevista com o filósofo Sócrates – 25
  escrevendo a Jesus – 26
  Espírito-ancião e – 6
  evolução das ideias espíritas no Brasil e – 12
  exercício ilegal da Medicina e – 6
  Federação Espírita Brasileira e – *Ao leitor*
  felicidade de * e parábola do Rico e Lázaro – 3
  Francisco Cândido Xavier, médium, e – *Ao leitor*
  José Olympio e – *Ao leitor*, nota
  livros da Doutrina Espírita e – *Ao leitor*
  localização do Céu e – 1

Índice geral

materialismo e – *Ao leitor*
Memórias, livro, e – 35, nota
memórias de Pedro, Apóstolo, e – 1
Midoca e – 34
Morocles e – 34
objetivo das palavras póstumas de – 6, 7
obra maravilhosa dos espíritas e – 18
palavras de * depois da morte – 8
Parnaso de além-túmulo e – *Ao leitor*
Parque Humberto de Campos e – 35
passado de Jerusalém e – 5
perdão da própria consciência e – 5
reencarnação de – 10
revisor dos erros judiciários e – 17
São Luís, Asilo, e – 18
São Paulo, Bahia e amparo na provação de – 10
Simão Pedro e – 1, 20
situação de enfermo pobre e – 1
Teresa Cristina, Amparo, e – 18
Teresa de Jesus, Abrigo, e – 18
Tonel de Diógenes, livro, e – 27
véu de Ísis e – 6
visita a Sebastianópolis e – 7
Canaã das Escrituras
   pátria e sonho de – 13
Carrel, Alex, Dr.
   biografia de – 30, nota
Casa da Morte
   Bruno Richard Hauptmann e – 17, nota
Casa de Ismael *ver também* Federação Espírita Brasileira
   história da – 18
Caseína
   significado do termo – 27, nota
Cérbero
   significado do termo – 8, nota
Céu
   localização do – 1
   Cecília, Santa, e missas no – 1
   Clara, Santa, e missas no – 1
   Francisco Xavier, São, e missas no – 1
   José, São, carpinteiro, e missas no – 1
Civilização armamentista
   lobos famintos da – 19
Clara, Santa
   missas no Céu e – 1
Coimbra, Henrique de, Frei
   primeira missa no Brasil e – 32
Comte, Auguste
   fé da humanidade e – 21
   intuições do Positivismo de – 18, nota
Concílio ecumênico de Niceia
   deturpação das verdades de Jesus e – 15
Consolador
   Espiritismo e * prometido por Jesus – 15, 21
Couto, Miguel, médico
   exclamação de – 17, nota
Criptas de Palermo
   defunto de Palermo e – 14
   mumificação dos mortos e – 14
Cristianismo
   deturpação do * pelas igrejas mercenárias – 19
Cunha, Euclides Rodrigues Pimenta da
   armas do alfabeto e – 23
   biografia de – 23, nota
Danaides
   considerações sobre – 1, nota
Defunto de Palermo
   assembleia de adeptos do Espiritismo e – 14
   espera pelo juízo final e – 14
   sacramentos da Igreja e – 14
   templos católicos e – 14
   vida depois da morte e – 14
Delanne, Francois-Marie Gabriel
   Charles Richet e – 16, nota
   filosofia espiritualista e – 21
Denis, Léon, filósofo
   Charles Richet e – 16, nota

Índice geral

filosofia espiritualista e – 21
Descobrimento do Brasil
   ilha de Vera Cruz e – 32
   Pedro Álvares Cabral e – 32, nota
Destino
   morte e visão do – 11
Determinismo
   criação do – 11
Deus
   homem e recordação da paternidade de – 22
   Humberto de Campos e alfabetos de – 1
   utilização do nome de – 14
Dia da Pátria
   celebração do – 13
   paradas militares e – 13
   reunião dos homens e dos Espíritos desencanados no – 13
Doutrina Espírita *ver também* Espiritismo
   bases e diretrizes da – 18
Doyle, Conan, Sir
   enterro de Lady Gaillard e – 4
Dúvida
   espada afiadíssima – 3
Einstein, Albert, físico
   Alemanha hitlerista, racismo e 19
   biografia de – 19, nota
   Teoria da Relatividade e – 27
Elias
   profetas de Baal e – 26
Emaús
   considerações sobre – 18, nota
Emílio
   Humberto de Campos e encontro com – 1, nota
Empório
   significado do termo – 5, nota
Etnologia brasileira
   São Paulo, estado brasileiro, e – 10
Ernesto, Pedro, prefeito

Federação Espírita Brasileira e – *Ao leitor*
Esperança
   estrela de luz doce e triste – 3
Espírita
   continuidade da vida e – 1
Espiritismo *ver também* Doutrina Espírita
   C..., médico, e compreensão do – 12
   defunto de Palermo e assembleia de deptos do – 14
   Federação Espírita Brasileira e expressão religiosa do – 33
   Federação Espírita Brasileira e expressões científicas do – 33
   Fox, irmãs, e primórdios do – 6, nota
   Humberto de Campos e assuntos do – Ao leitor
   Jesus e promessa do * Consolador – 15, 21
Espírito
   saneamento moral da vida e educação do – 30
   Sócrates e a realidade da vida do – 25
Espórades
   significado do termo – 15, nota
Etna
   significado do termo – 25, nota
Evangelho
   biografia de Jesus na Terra – 15, 20
   condenação da Igreja romana pelo – 20
Expiação
   término do dilúvio de – 13
F., A., Dr.
   amigo de C..., coronel, da C..., e – 4
   Antonico, nome na intimidade – 4
   morte de – 4
   vingança de R., S., mulher desencarnada, e – 4
Fatalidade
   morte e visão da – 11
Fausto, Dr.

considerações sobre – 30, nota
Fé
  Charles Richet e concessão dos tesouros da – 16
  Humberto de Campos e – *Ao leitor*
Federação Espírita Brasileira ver também Casa de Ismael
  banquete de Ismael e 33
  diretores do plano invisível e – 18
  expressão religiosa do Espiritismo e – 33
  expressões científicas do Espiritismo e – 33
  história da – 18
  Humberto de Campos e – *Ao leitor*
  Instituição venerável – 33
  Pedro Ernesto, prefeito, e – *Ao leitor*
  Pedro Richard e – 18, 33
  Tesouro espiritual da Terra de Santa Cruz e – 18
Figner, Frederico, Sr.
  biografia de – 35, nota
Fílon, em Alexandria
  verdades celestes de Jesus e teorias de – 20
Flammarion, Nicolas Camille, astrônomo francês
  biografia de – 6, nota
  Charles Richet e – 16, nota
  Forces Naturelles Inconnues, Les, livro, e – 21
  Pluralidade dos mundos, livro, e – 6
  teorias cosmológicas de – 21
Flauta de Pan
  significado da expressão – 9, nota
Fox, irmãs
  primórdios do Espiritismo e – 6
Franca, Leovigildo, monsenhor
  Feira de Amostras do Rio de Janeiro e – 32
Gaillard, Lady
  Conan Doyle, Sr., e enterro de – 4, nota

Galeno, Juvenal
  biografia de – 6, nota
Gama, Luiz
  biografia de – 34, nota
Gandhi, Mahatma
  biografia de – 6, nota
  crise espiritual e – 19
Gênio da Paz
  clima de desenfreado armamentismo na Terra e – 24
  reunião dos dirigentes dos destinos da humanidade e – 24
  tarefa do – 24
Gênio da Verdade
  condição para a paz na Terra e – 24
Grande Esperança, A, livro
  Charles Richet e – 16, nota
Guerra
  desabrochamento de uma era nova e – 13
  inevitabilidade da – 13
  mobilização das conquistas da Ciência e – 13
Hauptmann, Bruno Richard
  cadeira elétrica e – 17
  Casa da Morte e – 17
  matador do bebê Lindbergh e – 17
Hino da paz
  Brasil, nações irmanadas e – 13
Hipocrisia
  micróbio de vida efêmera – 2
Hitler
  rabinos do Sinédrio e novidades de – 1
Homem
  esquecimento de sua origem divina – 22
  fonte de Narciso e – 3
  recordação da paternidade de Deus e – 22
Homem de barro
  crime, pecado e – 11

Índice geral

dor, morte e – 11
Homem invisível, livro
  considerações sobre – 1, nota
Humanidade
  Auguste Comte e fé na – 21
  fraternidade no campo sociológico e – 25
  Jacob Moleschott e fé na – 21, nota
  Karl Georg Büchner e fé na – 21, nota
  reunião dos dirigentes dos destinos da – 24
  Rudolf Ludwig Carl Virchow e fé na – 21, nota
Igreja
  deturpação do Cristianismo pela * mercenária – 19
  hagiológio e – 1
  mistificações e – 14
  multiplicação dos vendilhões e – 14
  Sermão da Montanha e – 14
Igreja romana
  Evangelho e condenação da – 20
Inconfidência Mineira
  Beatriz Francisca Brandão e – 29, nota
  Claudio Manoel e – 29, nota
  Domingos Vidal Barbosa e – 29, nota
  Doroteia de Seixas e – 29, nota
  Freire de Andrade e – 29, nota
  Inácio de Alvarenga e – 29, nota
  Joaquim de Maia e – 29, nota
  Joaquim José da Maia e – 29
  Joaquim José da Silva Xavier e – 29, nota
  Luiz de Vasconcelos e – 29, nota
  Mariano Leal e – 29, nota
  Silvério e – 29
  Toledo Piza e – 29, nota
  Visconde de Barbacena e – 29
  volta às ruínas de Ouro Preto e – 29
Instituto Celeste de Pitágoras
  aspecto do – 25

considerações sobre – 25, nota
materialização de Sócrates no – 25
reunião de vultos venerados pela Ciência e pela Filosofia no – 25
Iscariotes, Judas
  entrevista de Humberto de Campos com – 5
  ideias socialistas de Jesus e – 5
  interesses individuais de Pôncio Pilatos e – 5
  Reformador, revista, e – 5, nota
  revolta surda e – 5
  suicídio e – 5
  visita de * à Terra – 5
Isolamento
  única morte no concerto universal – 33
Jesus
  ano do aparecimento de * na Terra – 15
  comportamento dos representantes de – 15
  Concílio ecumênico de Niceia e – 15
  deturpação das verdades de – 15
  Evangelhos e biografia de – 15, 20
  Jardineiro divino – 24
  João Batista, precursor, e – 21
  lições de Fílon e verdades celestes de – 20
  processo que motivou a condenação de – 26
  promessa do Espiritismo Consolador e – 15
  Simão Pedro e milagres de – 20
  teorias de Lucrécio e verdades celestes de – 20
  venda criminosa de * no mundo – 5
  vidente de Patmos e – 15
Jerusalém
  fisionomia atual de – 26
Joana d'Arc
  canonização de * após a calúnia – 26

Índice geral

João Batista, São
  ambiente no cemitério de – 14
João, apóstolo
  representação de * nas diversas
  basílicas – 15
José, São, carpinteiro
  missas no Céu e – 1
Junqueiro, Guerra
  creolina e blasfêmias de – 14
Kardec, Allan
  data de nascimento de – 21
  obra mais sublime de – 21
  Pestalozzi, pedagogo suíço, e – 21,
  nota
  retiro no deserto de sentimentos
  e – 21
  tarefa na Codificação do Espiritismo
  e – 21
Lacerda, Maria
  biografia de – 19, nota
  confidente abençoada dos mortos
  e – 19
  Humberto de Campos e carta a – 19
  Barbosa, Leal, Mariano
  Inconfidência Mineira e – 29
Lei
  reflexo do caráter humano e – 11
Lenda das lágrimas
  água das lágrimas e – 22
  Anjo da terra e das águas e – 22
  Anjo das árvores e das flores e – 22
  Anjo das luzes e – 22
  Anjo dos animais e – 22
  Anjo dos homens e – 22
Lepra
  considerações sobre – 2, nota
Letes
  significado do termo – 10, nota
Liliputiano
  significado do termo – 6, nota
Lima, Augusto de
  biografia de – ***Ao leitor***, nota

Lindbergh, Charles Augustus
  Alex Carrel, Dr., e – 30
Livraria
  considerações sobre – ***Ao leitor***, nota
Lodge, Oliver, escritor inglês
  biografia de – 27, nota
  Charles Richet e – 16, nota
Lodge, Raymond
  biografia de – 27, nota
  filho de Oliver Lodge – 27
Longevidade humana
  solução do problema da – 30
  Woodruff, professor, e – 30
Lucas, apóstolo
  representação de * nas diversas
  basílicas – 15
Lucrécio
  verdades celestes de Jesus e teorias
  de – 20
Madalena
  sensualismo, expiação e
  arrependimento de – 11
Maeterlinck, Maurício, escritor
  considerações impróprias de – 19
Maia, José Joaquim da
  Inconfidência Mineira e – 29
Mal
  sofrimento e formação do – 11
Malthus, Thomas Robert
  biografia de – 30, nota
Manoel, Claudio
  Inconfidência Mineira e – 29
Marcos, apóstolo
  representação de * nas diversas
  basílicas – 15
Mateus, apóstolo
  representação de * nas diversas
  basílicas – 15
Matusalém
  longevidade e – 30
Medicina
  exercício ilegal da – 6

Índice geral

Mediunidade
  estrada do Gólgota e – 35
Mefistófeles
  considerações sobre – 1, nota
Méletos
  acusador de Sócrates – 25, nota
Melo, Olympio de, prefeito do Rio de Janeiro
  carta ao Sr. – 23
  desamparo dos políticos e – 23
  Euclides da Cunha e – 23, nota
  festas carnavalescas e – 23
  ministro da Igreja Católica e – 23
  prática da caridade e – 23
  propaganda turística e – 23
  veto pessoal à subvenção ao Abrigo Teresa de Jesus e – 23
Memórias, livro
  considerações sobre – 35, nota
Mezinha
  significado do termo – 6, nota
Mirabeau
  biografia de – 29, nota
Moleschott, Jacob
  biografia de – 21, nota
  fé da humanidade e – 21
Morais, Evaristo de, advogado
  biografia de – 26, nota
  Pontes Visgueiro e – 26
Moral cristã
  evolução da – 19
Morte
  algemas inquebrantáveis do Espírito e – 34
  aniquilamento da vida e – 7
  defunto de Palermo e vida depois da – 14
  filosofia de Pitágoras frente a – 11, nota
  foice derrubadora da – 2
  grandeza do canto da – 3
  Hermes Thot e mistérios indevassados da – 7
  insignificância da ciência do mundo frente a – 11
  palavras de Humberto de Campos depois da – 8
  paraíso muçulmano e – 8
  Pedro II, D., e arrebatamento da prisão pela – 2
Movimento iconoclasta
  interpretação dos textos evangélicos e – 15
  portas de ouro e – 14
  posição de Pedro II, D., em face da – 2
  supressão da afetividade e – 3
  visão da fatalidade e do destino e – 11
Murillo
  biografia de – 6, nota
Mussolini
  biografia de – 9, nota
  conquista de um império e – 19
  incentivo a natalidade e – 30
Myers, Frederic, literato inglês
  Charles Richet e – 16, nota
Narciso
  homens e fonte de – 3
  morte de * junto de sua fonte predileta – 3
Nessun maggior dolore
  considerações sobre – 8, nota
  Francesca de Rimini e – 8
Neto, Coelho
  biografia de – *Ao leitor*, nota
  definição de religião e – 34
Neves, Berilo, escritor
  Associação Brasileira de Imprensa e – 19
  biografia de – 19, nota
  mensagens póstuma de Humberto de Campos e – 19
Novo Testamento
  personalidade de Judas Iscariotes e – 5
  tricas políticas e – 5

Índice geral

Olympio, José
  biografia de – *Ao leitor*, nota
Orfeu
  sensibilidade das cordas da lira de – 3
Orgia carnavalesca
  incentivo governamental e – 14
Palladino, Eusapia, médium
  Charles Richet e – 16, nota
Parábola do Rico e Lázaro
  felicidade de Humberto de Campos e – 3, 7
Paraíso
  Gabriel, anjo, e – 31
  operário e – 31
  político e – 31
  porta do bem, da caridade e do amor e – 31
  soldado e – 31
  única condição para entrada no – 31
Parnaso de além-túmulo, livro
  Francisco Cândido Xavier e psicografia de – *Ao leitor*
  Humberto de Campos e – *Ao leitor*
Parque Humberto de Campos
  visita de José Maria Macedo Santos ao – 35
Pátria Universal
  Brasil, hino da paz e – 13
Pátria(s)
  afastamento das – 13
  sonho de Canaã das Escrituras e – 13
  viciação do conceito de – 13
Paulo de Tarso
  desinteligência entre Simão Pedro e – 20
Paulo, Vicente de
  biografia de – 11, nota
Paz
  mentirosos pactos de – 13
Peçanha, Nilo
  biografia de – 1, nota
Pedro II, D.

aproximação da morte e – 2
arrebatamento de * da prisão pela morte – 2
audiências de – 2
carta de alforria de – 2
posição de * em face da morte – 2
Pedro, Simão, o Apóstolo
  chaveiro do Céu e – 1
  Congresso Eucarístico Nacional e – 20
  desinteligência entre Paulo de Tarso e – 20
  Humberto de Campos e memórias de – 1, 20
  milagres de Jesus e – 20
  Padre Eterno e – 1
  visita de * a obra do Evangelho no Brasil – 20
Père-Lachaise
  considerações sobre – 21, nota
Pestalozzi, Johann Heinrich, pedagogo suíço
  Allan Kardec e – 21
  biografia de – 21, nota
Pilatos, Pôncio
  Anchieta e – 10
  Judas Iscariotes e interesses individuais de – 5
Piratininga, cidade paulista
  Amador Bueno e – 10, nota
  armas e objetivo de – 10
  Sociedade de Estudos Psíquicos e – 10
Pitágoras, filósofo
  biografia de – 11, nota
  Instituto Celeste de – 2
Piza, Toledo
  Inconfidência Mineira e – 29
Plano espiritual
  barreira de idiomas no – 27
  pensamento no *, espécie de volapuque universal – 27
Platão, filósofo

biografia de – 25, nota
infidelidade na representação da
palavra de
Sócrates e – 25
pagamento de um galo a Esculápio
e – 25
Pluralidade dos mundos, livro
Flammarion e – 6, nota
Política brasileira
Miloch, assassinato de Amurat e – 32
Política espiritualista
inauguração do direito novo e – 19
Positivismo
Auguste Comte e intuições do – 18,
nota
Prêmio Nobel da Paz
Charles Richet e – 16, nota
Progenitora
significado do termo – 15, nota
Progresso
obra coletiva e – 33
Progresso científico
problemas da incomunicabilidade
e – 13
Reformador, revista
Judas Iscariotes, crônica, e – 5, nota
Religião
abuso dos símbolos e – 1
Coelho Neto e definição de – 34
envenenamento por vinho diabólico
no berço e – 14
uso externo da – 14
Revista dos dois Mundos
Charles Richet e – 16, nota
Richard, Pedro
biografia de – 18, nota
Federação Espírita Brasileira e – 18,
33
Richet, Charles, fisiologista
Anais das ciências psíquicas, revista,
e – 16
Angel e – 16, nota

aquisição da centelha divina da crença
e – 16
biografia de – 16, nota
certeza da imortalidade da alma e –
16
concessão dos tesouros da fé e – 16
Espiritualidade e trabalhos de – 16
Eusapia Palladino, médium, e – 16,
nota
Faculdade de Medicina e – 16
Francois-Marie Gabriel Delanne e –
16, nota
Léon Denis e – 16, nota
Grande Esperança, A, livro, e – 16
Lodge e – 16, nota
materializações da Villa Carmen e –
16, nota
Myers e – 16, nota
Prêmio Nobel da Paz e – 16, nota
publicação de estudos notáveis e – 16
Revista dos dois Mundos e – 16
Sidgwick e – 16, nota
Tratado de Metapsíquica e – 16
Rivail, Hippolyte *ver* Kardec, Allan
Roma
reino da Terra e – 5
Roosevelt, Franklin Delano, político
biografia de – 27, nota
Rosa Mística de Nazaré
carta de mãe maranhense e – 11
S., R., mulher desencarnada
enterro de C..., coronel, e – 4
Sal da Terra
Jesus e – 18, nota
Sampaio, Bittencourt
biografia de – 12, nota
Samuel, profeta
campo de Mizpah e – 26
Santos, José Maria Macedo, Sr.
Ana C. Veras e – 35
visita de * ao Parque Humberto de
Campos – 35
São Paulo, estado brasileiro

Índice geral

etnologia brasileira e – 10
Sebastião do Rio de Janeiro, São, cidade
  Espíritos desencarnados, cerimônias comemorativas e – 13
Seixas, Doroteia de
  Inconfidência Mineira e – 29
Sidgwick, Henry, filósofo
  Charles Richet e – 16, nota
Sigmund Freud, neurologista
  biografia de – 27, nota
Sinédrio
  rabinos do * e novidades de Hitler – 1
  reino do Céu e – 5
Sistema político
  pruridos da hegemonia internacional e – 13
Soares, Raul, praça
  localização da – 20, nota
Sociedade de Estudos Psíquicos
  Piratininga, cidade, e – 10
Sociedade humana
  abraço de unidade e – 13
  auxílio do mundo invisível e – 33
Sociólogo
  castelo maravilhoso das palavras e – 19
Sócrates, filósofo
  Antístenes e imparcialidade a respeito de – 25
  biografia de – 25, nota
  condição para a felicidade na Terra e – 25
  crucificação do Filho de Deus e – 25
  materialização de – 25
  observações mal avisadas de Xenofonte e – 25
  pagamento de um galo a Esculápio e – 25
  Platão e infidelidade na representação da palavra de – 25
  realidade da vida do Espírito e – 25
  suicídio de Empédocles de Agrigento e – 25
Sofrimento
  formação do mal e – 11
Suicídio
  Judas Iscariotes e – 5
Teresa Cristina, Amparo
  proselitismo espírita e edificação do – 18
Teresa de Jesus, Abrigo
  proselitismo espírita e edificação do – 18
  veto à subvenção ao – 23
Terra
  insignificância da * na outra vida – 1
  visita de Judas Iscariotes à – 5
Thot, Hermes
  mistérios indevassados da morte e – 7
Tratado de Metapsíquica
  Charles Richet e – 16, nota
Tonel de Diógenes, O, livro
  Humberto de Campos e – 27
Trenton
  localização de – 17, nota
Vasconcelos, Luiz de
  Inconfidência Mineira e – 29
Vaticano
  escravização das consciências e – 15
  riquezas das traças e dos vermes da Terra e – 15
Veras, Ana C.
  mãe de Humberto de Campos – 35
Verne, Jules, escritor
  biografia de – 35, nota
Vida
  resultado das trocas incessantes – 33
Vidente de Patmos
  Jesus e – 15
  significação moral do aparecimento de Jesus na Terra e – 15
Villa Carmen
  Charles Richet e materializações da –

16, nota
Virchow, Rudolf Ludwig Carl
　biografia de – 21, nota
　fé da humanidade e – 21
Visgueiro, Pontes
　atenuação da falta de – 26
　Evaristo de Morais, advogado, e – 26, nota
Volapuque universal
　pensamento no plano espiritual e – 27
Voronoff, Dr.
　biografia de – 30, nota
Vozes d'África
　Castro Alves, poeta, e – 9
Wells, Herbert George
　fantasia de um vale escuro e triste e – 7
Xavier, Francisco Cândido
　Humberto de Campos e – *Ao leitor*
　psicografia de Parnaso de além-túmulo, livro, e – *Ao leitor*
Xavier, Francisco, São
　missas no Céu e – 1
　pregação nas Índias e – 1
Xavier, Joaquim José da Silva
　Espírito em prova e – 29
　Inconfidência Mineira e – 29
Xenofonte, filósofo
　Sócrates e observações mal avisadas de – 25
Zéfiro
　significado do termo – 15, nota

O QUE É ESPIRITISMO?

O ESPIRITISMO É UM CONJUNTO DE PRINCÍPIOS E LEIS revelados por Espíritos Superiores ao educador francês Allan Kardec, que compilou o material em cinco obras que ficariam conhecidas posteriormente como a Codificação: *O livro dos espíritos*, *O livro dos médiuns*, *O evangelho segundo o espiritismo*, *O céu e o inferno* e *A gênese*.

Como uma nova ciência, o Espiritismo veio apresentar à Humanidade, com provas indiscutíveis, a existência e a natureza do Mundo Espiritual, além de suas relações com o mundo físico. A partir dessas evidências, o Mundo Espiritual deixa de ser algo sobrenatural e passa a ser considerado como inesgotável força da Natureza, fonte viva de inúmeros fenômenos até hoje incompreendidos e, por esse motivo, são tidos como fantasiosos e extraordinários.

Jesus Cristo ressaltou a relação entre homem e Espírito por várias vezes durante sua jornada na Terra, e talvez alguns de seus ensinamentos pareçam incompreensíveis ou sejam erroneamente interpretados por não se perceber essa associação. O Espiritismo surge então como uma chave, que esclarece e explica as palavras do Mestre.

A Doutrina Espírita revela novos e profundos conceitos sobre Deus, o Universo, a Humanidade, os Espíritos e as leis que regem a vida. Ela merece ser estudada, analisada e praticada todos os dias de nossa existência, pois o seu valioso conteúdo servirá de grande impulso à nossa evolução.

LITERATURA ESPÍRITA

Em qualquer parte do mundo, é comum encontrar pessoas que se interessem por assuntos como imortalidade, comunicação com Espíritos, vida após a morte e reencarnação. A crescente popularidade desses temas pode ser avaliada com o sucesso de vários filmes, seriados, novelas e peças teatrais que incluem em seus roteiros conceitos ligados à Espiritualidade e à alma.

Cada vez mais, a imprensa evidencia a literatura espírita, cujas obras impressionam até mesmo grandes veículos de comunicação devido ao seu grande número de vendas. O principal motivo pela busca dos filmes e livros do gênero é simples: o Espiritismo consegue responder, de forma clara, perguntas que pairam sobre a Humanidade desde o princípio dos tempos. Quem somos nós? De onde viemos? Para onde vamos?

A literatura espírita apresenta argumentos fundamentados na razão, que acabam atraindo leitores de todas as idades. Os textos são trabalhados com afinco, apresentam boas histórias e informações coerentes, pois se baseiam em fatos reais.

Os ensinamentos espíritas trazem a mensagem consoladora de que existe vida após a morte, e essa é uma das melhores notícias que podemos receber quando temos entes queridos que já não habitam mais a Terra. As conquistas e os aprendizados adquiridos em vida sempre farão parte do nosso futuro e prosseguirão de forma ininterrupta por toda a jornada pessoal de cada um.

Divulgar o Espiritismo por meio da literatura é a principal missão da FEB, que, há mais de cem anos, seleciona conteúdos doutrinários de qualidade para espalhar a palavra e o ideal do Cristo por todo o mundo, rumo ao caminho da felicidade e plenitude.

EDIÇÕES DE CRÔNICAS DE ALÉM-TÚMULO

EDIÇÃO	IMPRESSÃO	ANO	TIRAGEM	FORMATO
1	1	1937	5.100	12,5x17,5
2	1	1938	4.500	12,5x17,5
3	1	1940	5.000	12,5x17,5
4	1	1944	5.000	12,5x17,5
5	1	1949	5.000	12,5x17,5
6	1	1958	5.000	12,5x17,5
7	1	1966	5.000	12,5x17,5
8	1	1975	10.000	12,5x17,5
9	1	1981	10.200	12,5x17,5
10	1	1986	20.100	12,5x17,5
11	1	1988	5.100	12,5x17,5
12	1	1990	15.000	12,5x17,5
13	1	1998	5.000	12,5x17,5
14	1	2005	500	12,5x17,5
15	1	2007	1.000	12,5x17,5
15	2	2008	1.000	12,5x17,5
16		2008	3.000	14x21
16	2	2009	500	14x21
16	3	2010	2.000	14x21
16	4	2010	2.000	14x21
17	1	2013	2.000	14x21
17	2	2014	2.000	14x21
17	3	2016	1.000	14x21
17	4	2017	2.100	14x21
17	5	2018	1.000	14x21
17	6	2019	1.000	14X21
17	7	2021	1.000	14x21
17	8	2022	1.300	14X21
17	IPT*	2023	350	14x21
17	IPT	2024	500	14X21
17	11	2024	1.000	14X21

* Impressão pequenas tiragens

FEB editora
Livro espírita para um novo mundo
www.febeditora.com.br
@febeditoraoficial
@febeditora

Conselho Editorial:
Carlos Roberto Campetti
Cirne Ferreira de Araújo
Evandro Noleto Bezerra
Geraldo Campetti Sobrinho – Coord. Editorial
Jorge Godinho Barreto Nery – Presidente
Maria de Lourdes Pereira de Oliveira
Miriam Lúcia Herrera Masotti Dusi

Produção Editorial:
Elizabete de Jesus Moreira

Revisão:
Ana Luiza de Jesus Miranda
Paula Lopes

Capa e Projeto Gráfico:
Ingrid Saori Furuta

Diagramação:
João Guilherme Andery Tayer

Foto da Capa:
DNY59 | istockphoto.com

Normalização Técnica:
Biblioteca de Obras Raras e Documentos Patrimoniais do Livro

Esta edição foi impressa pela Gráfica e Editora Qualytá Ltda., Brasília, DF, com tiragem de 1 mil exemplares, todos em formato fechado de 140x210 mm e com mancha de 104x168 mm. Os papéis utilizados foram o Off white bulk 58 g/m² para o miolo e o Cartão 250 g/m² para a capa. O texto principal foi composto em fonte Adobe Garamond Pro 12/14,4 e os títulos em Adobe Garamond Pro 28/26. Impresso no Brasil. *Presita en Brazilo.*